U0153916

超圖解

人身保險
兼顧理財與保障

Hyper-illustrated Life Insurance

李珍穎、余祖慰、周柏誠、許銘元 編著

自拍請注意
人身安全

未雨綢繆，在最需要的時候，給予援助與支持！

五南圖書出版公司 印行

作者序

從事保險業多年，歷經營業招攬、核保及行銷等部門。除此，也曾兼任大學教習多年。面對客戶、學生、公司新進同仁、通路的合作夥伴，總覺得應該再為他們做些什麼。偶然機會中，得知五南圖書張毓芬副總編輯正在籌劃人身保險用書的出版，於是毛遂自薦擔任召集人，邀請合適的專家共同合作。作者群的陣容有實踐大學風險管理與保險學系李珍穎老師（負責第 1 章）、朝陽科技大學保險金融管理系余祖慰老師（負責第 2 章）、誠允律師事務所周柏誠律師（負責第 3 章）及兆豐產險許銘元博士（負責第 4、5 章）。作者們共同的特質為擁有許多的專業證照及豐富的教學經驗，更難能可貴的是作者們都曾（或現）任職於產、壽險公司，由於這樣的經驗，各章節的內容除了理論外也貼近實務。

　　本書共分為 5 章。第 1 章〈人身風險與保險規劃〉，人生各階段所面臨的風險及保險商品、規劃人身保險應注意到的重點，也增加了面臨超高齡社會時，保險規劃及人身保險與租稅規劃的重點。架構完整、內容扎實，除了看到作者的用心外，本身的功力也在此展現。第 2 章〈人壽保險公司的運作與經營〉，保險市場的衡量指標、人壽保險的組織運作、利源、保單選擇權到保險公司存在的風險、如何選擇保險公司及申訴管道。作者除了在學界享有盛名外，也曾經是壽險業界資深的從業人員、主管，對於壽險公司運作的說明兼顧理論與實務。第 3 章〈人身保險相關重要法規〉，以保險契約成立作為原點，向前及向後延伸為契約成立前、契約成立時及契約成立後，提醒契約的當事人及輔助

人要注意的項目。作者以本身從事保險從業人員、法令遵循人員及律師的經驗，用淺顯生動的方式表達，讀起來讓人容易了解且印象深刻。第 4 章〈核保、理賠運作的理論與實務〉，了解核保、理賠的運作有助於與保險公司作有效的溝通，因此將核保及理賠的觀念與作業模式提供給讀者們。第 5 章〈核保、理賠的醫務常識〉，將要保書告知事項所列出的相關疾病加以說明，彙整檢驗值及疾病間的關聯，有助於從業人員對要保書的說明。

　　本書主要以學生、保險公司與經代公司的從業人員及社會大眾為對象，提供人身保險的專業知識。適合作為大學人身保險及金融專業的課程用書，也可以是從業人員的訓練教材及工具書，另外對於想為自己及家人規劃人身保險的社會人士也是一本說明書。

　　最後感謝作者群的堅持，在百忙中還能如期交稿，而且是交出專業水平的著作。也感謝張副總編輯以及其編輯團隊，沒有您們的用心，我們也看不到這麼一本有質量的書。期望藉由本書的出版，能對台灣保險知識的推廣，作些許的貢獻。若本書尚有任何不足、遺漏、錯誤之處，懇請賢達者不吝指正。

李珍穎　余祖慰　周柏誠　許銘元
20240520

作者簡介

李珍穎

現職

實踐大學風險管理與保險學系專任助理教授

學歷及資格

淡江大學管理科學學系博士—主修財經分析 (Ph.D)(2012)

國立高雄第一科技大學風險管理與保險研究所碩士 (2002)

中華民國門市服務乙級技術士證照

中華民國財產保險核保人員證照

中華民國財產保險理賠人員證照

中華民國財產保險經紀人證照

中華民國人身保險代理人證照

經歷

專技普考保險代理人保險經紀人及保險公證人考試命題委員

泰安產物保險股份有限公司火險理賠科長、工商保險核保部襄理、

財產暨責任保險部副理、工商保險營業一部副理

中華民國產物保險同業公會火險及意外險委員會委員

實踐大學風險管理與保險學系兼任助理教授

國立臺中科技大學保險金融管理系兼任助理教授

致理科技大學保險金融管理系、財務金融系兼任助理教授

中華科技大學財務金融系兼任助理教授

著作

《財產保險要論》、《保險監理》、《運輸保險》

余祖慰

現職

朝陽科技大學保險金融管理系專任副教授

學歷

國立成功大學管理學博士 (National Cheng Kung University, Ph.D. in Management)

國立中山大學管理學碩士 (National Sun Yat-sen University, M.B.A.)

逢甲大學銀行保險學系保險組商學士 (Feng Chia University, Department of Banking and Insurance, Insurance Section, B.B.A.)

經歷

國立臺中科技大學老人服務事業管理系兼任助理教授

國立高雄海洋科技大學通識教育中心兼任助理教授

台灣消費者保護協會金融保險專業委員

中華民國人壽保險管理學會核保理賠委員會委員

宏泰人壽高雄分公司經理人／理賠部襄理／經代科襄理／台南通訊處處經理

專技普考保險代理人保險經紀人及保險公證人考試命題暨閱卷委員／典試委員

專業證照

國家考試人身保險經紀人及格（考選部舉辦首屆保險特考）

壽險業務人員考試及格

產險業務人員考試及格

壽險中級業務人員及格

中華民國壽險理賠人員資格

中華民國壽險核保人員資格

勞資事務師考試及格

著作

主要發表於 International Journal of Bank Marketing(SSCI)／ Journal of Travel &Tourism Marketing (SSCI)／ Total Quality Management & Business Excellence (SSCI)／ Leadership & Organization Development Journal (SSCI)／ Managing Service Quality (SSCI)／ The Service Industries Journal (SSCI)／ Marketing Intelligence and Planning (SCOPUS) ／ The Learning Organization (SCOPUS)／ International Journal of Retail & Distribution Management (SCOPUS)／ Management Research Review (SCOPUS)／ Asia Pacific Journal of Marketing and Logistics (SCOPUS)／保險學報／保險專刊／保險經營學報／壽險管理期刊／風險管理學報／朝陽商管評論

主要研究興趣

超高齡社會保險市場研究、保險行銷、傷害保險、健康保險

周柏誠

現職

執業律師

學歷及資格

國立臺灣科技大學電機工程系畢業

中華民國律師國家考試合格

中華民國財產保險經紀人國家考試合格

中華民國人身保險經紀人國家考試合格

中華民國財產保險代理人國家考試合格

中華民國人身保險代理人國家考試合格

國際反洗錢師考試合格 (ACAMS)

經歷

誠允律師事務所執業律師

保險代理人商業同業公會合作講師

保險理賠 ICU 合作律師

商業銀行保險代理部簽署人、法令遵循人員

保險公司業務專員、業務主管

許銘元

現職
兆豐產物保險股份有限公司個人保險營業部襄理

學歷及資格
淡江大學管理科學學系博士─主修財經分析 (Ph.D) (2016)
國立高雄第一科技大學風險管理與保險研究所碩士 (2003)
中華民國財產保險核保人員證照
中華民國財產保險理賠人員證照
中華民國人壽保險核保人員證照
中華民國人壽保險理賠人員證照
中華民國人壽保險管理人員證照
中華民國財產保險經紀人證照
中華民國財產保險代理人證照

經歷
兆豐產物保險股份有限公司台南分公司專員、健康及傷害保險部科長、個人保險部襄理、個人保險營業部襄理
泰安產物保險股份有限公司總務部專員、新種險部專員、台南分公司股長
實踐大學風險管理與保險學系兼任助理教授
中國科技大學企業管理系兼任講師
致理科技大學保險金融系兼任講師

著作
《財產保險要論》

目錄

Chapter 4　核保、理賠運作的理論與實務————131

Chapter 5　核保、理賠的醫務常識————181

Chapter 1

人身風險與保險規劃

人身風險是指由於人的生老病死或者失能所導致的風險。這種風險常常會造成預期收入的減少，或者是額外費用的增加。無論家庭或企業，皆可能發生家人或員工的各種人身風險，而使家庭經濟生活或企業經營陷於困境。因此必須先了解風險的概念。

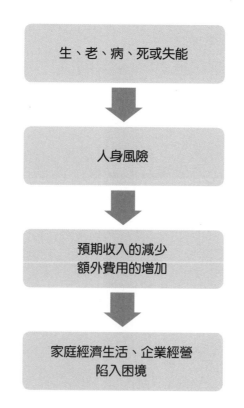

生、老、病、死或失能

↓

人身風險

↓

預期收入的減少
額外費用的增加

↓

家庭經濟生活、企業經營
陷入困境

1-1 風險基本概念

一、風險的定義

可區分為強調「損失」與「不確定性」，屬於狹義的風險，此為保險經營上最重要概念。另偏向於「主觀預期」與「客觀實現」產生偏差的情況，含有損益參半之可能性，屬於廣義的風險，此為目前財務與金融業所偏重的風險。

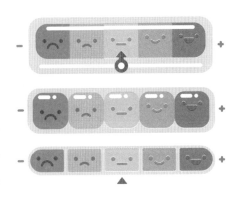

二、風險要素

風險之要素有四項：風險標的、風險因素、風險事故、損失。四要素彼此間存在有相互關係，即風險標的暴露在風險因素下，風險因素引發風險事故，而導致了損失。

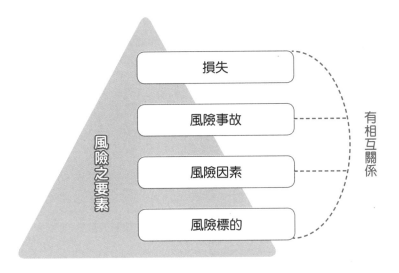

圖 1-1　風險要素關聯圖

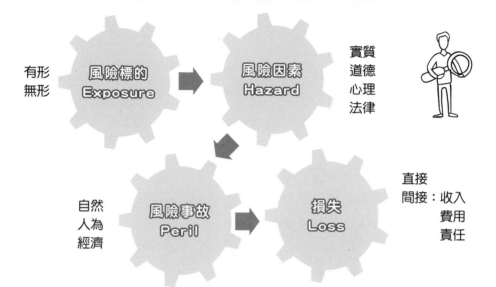

有形
無形

風險標的
Exposure

風險因素
Hazard

實質
道德
心理
法律

自然
人為
經濟

風險事故
Peril

損失
Loss

直接
間接：收入
　　　費用
　　　責任

三、風險分類

　　為了認識風險、控制風險、處理風險，必須將風險事故來做分類，從不同的角度將其風險之分類彙總於表 1-1：

表 1-1　風險之分類	
依可能的結果區分	1. 純損風險 (Pure risks)：指只有損失機會而無獲利機會的風險。如火災可能造成房屋損毀的風險，或稱危害風險。 2. 投機風險 (Speculative risks)：指有損失機會亦有獲利機會的風險。如購買公益彩券及期貨，或稱財務風險。
依風險的來源區分	1. 靜態風險 (Static risks)：即指自然力的不規則變動或人為的錯誤導致之風險。 2. 動態風險 (Dynamic risks)：乃由於社會、經濟、政治，以及人類需求、技術、組織變動而產生的風險。其不一定有損失，有時會產生利益。
依風險損失之分類	1. 財產風險 (Property risks)：指家庭或企業其自有、使用或保管的財產，發生毀損、滅失或貶值的風險，其損失包括財產之直接損失與間接損失。 2. 人身風險 (Personal risks)：指人們因生、老、病、死等風險而招致損失的風險。 3. 責任風險 (Liability risks)：指對於他人所遭受的財產損失或身體傷害，因而負有賠償責任的風險。
依影響之範圍分類	1. 特定風險 (Particular risks)：只與特定之個人有關之風險，較易為人們所控制。 2. 基本風險 (Fundamental risks)：係指風險事故發生將會波及社會群體中的經濟個體，主要源自政治、生態環境、經濟波動事件等，影響範圍較大。

四、長壽風險 (Longevity risk)

由於國人平均壽命逐漸延長，因疫情影響，國人的平均壽命 2023 年為 79.84 歲，其中男性 76.63 歲、女性 82.28 歲。根據世界衛生組織的定義，高齡化社會 (Ageing society) 指老年人口比率超過 7%；高齡社會 (Aged society) 是老年人口比率超過 14%；超高齡社會 (Super-aged society) 則是老年人口比率超過 20%。國人平均壽命呈現上升趨勢。台灣已於 2018 年正式步入高齡社會。而國人

更為長壽雖然是件好事，但也因此衍生出長壽風險。所謂長壽風險即因為平均壽命延長，使退休後的收入不足以支付未來生活需求的風險。根據美國國家經濟研究局之定義，所謂長壽風險就是「因儲蓄太少、退休太早，且退休後花費太快，造成財富用盡時仍存活之風險」。

　　隨之而來的長壽風險，使得原有的經濟來源能否滿足較預期為長時間的退休與老年生活，這部分增加了更多之不確定因素，亦即高齡者於年輕時代所準備的儲蓄與投資，極有可能不夠承擔長壽風險帶來的成本。若有機會活到超過 80 歲，甚至 90 歲或 95 歲，則退休金就將需要多準備超過十年之費用，因此不能僅以現在的平均壽命作為退休規劃，必須考慮長壽風險。

1-2 人身保險的各種商品

一、人身保險種類

依危險事故的不同，目前大致上人身保險包含人壽保險、健康保險、傷害保險及年金保險等四種。而人壽保險可分為傳統人壽保險與投資型保險，傳統人壽保險依保障與儲蓄性質的不同，分為定期壽險、終身壽險及生死合險三種。

圖 1-2 人身保險商品分類

人身保險

- 01 傳統人壽保險
- 02 投資型保險
- 03 健康保險
- 04 傷害保險
- 05 年金保險

（一）傳統人壽保險

1. 定期壽險：係指被保險人於保險契約有效期間內死亡，保險公司依約定給付死亡保險金給受益人；若於特定期間屆滿，被保險人仍生

圖 1-3　傳統人壽保險

存，保險契約即為終止，保險公司不會給付保險金。此保險以保障為主，有一定之保險期間，除長期定期保險外，通常無現金價值。

2. 終身壽險：係指保險的保險期間為終身，被保險人於約定的保險期間死亡或失能，在保險期間有效期間內，保險公司依約定，給付死亡保險金。又依繳費期間可分為終身繳費與一定期間繳費二種。採一定期間繳費稱為限期繳費終身壽險。

3. 生死合險：係指被保險人於保險契約有效期間至保險期間屆滿仍生存，保險公司依約定給付滿期保險金；被保險人若於保險契約有效期間內死亡，保險公司依約定給付死亡保險金。本保險一定之保險期間，具有保障與儲蓄養老二種特性，又稱養老保險。

4. 生前給付：即被保險人經醫師診斷因疾病或傷害致其生命經判斷不足六個月時，可以提前申請領取保險金（例如 50%）死亡給付，用以完成個人先前未完成的心願或支付醫療費用。而剩餘之死亡給付，則在被保險人死亡後支付予受益人。目前生前給付多以附加契約或條款為之。

（二）投資型保險

　　係指（利率）風險由消費者承擔的保險商品，而保障的危險事故可以是死亡（壽險）或長壽（年金）等人身風險。換言之，購買投資型保險，由於利率風險是由被保險人自己承擔，所以僅能移轉死亡風險與費用風險，而不同於傳統人壽保險可以移轉死亡、利率及費用風險予保險公司。該商品具有下列幾種特色：

1. 盈虧自負：投資型保險商品所產生的投資收益或虧損，大部分或全部由保戶自行承擔。
2. 專設帳簿：投資型保險商品分為一般帳戶和專設帳戶（分離帳戶）進行管理。專設帳戶（分離帳戶）內之保單投資資產，由保險公司採取個別帳戶管理。
3. 費用揭露：投資型保險商品的相關費用，要攤在陽光下，讓保戶充分了解保費結構。

圖 1-4　投資型保險特色

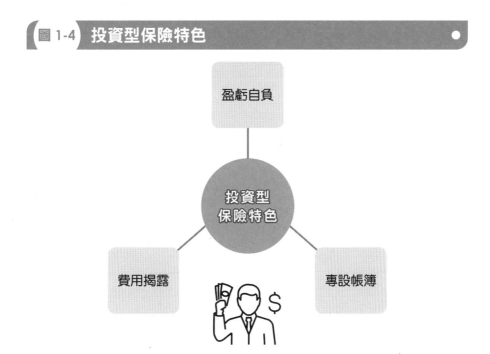

投資型保險商品的主要型態，分為三類，即為變額壽險、變額萬能壽險與變額年金。此外包含投資連結型保險。

1. 變額壽險

變額壽險是一種繳費固定的保險，可以採用躉繳或分期繳的方式。變額壽險的保險金不固定，依其投資績效而定，但通常都有最低保證的死亡保險金。如日本、美國的商品，他們的變額壽險就有最低的死亡保證，但無最低的現金價值保證。

2. 變額萬能壽險

變額萬能壽險屬於投資型保險的一種，兼具壽險及投資功能。壽險功能，就是在被保險人身故或完全失能時，會將身故或完全失能保險金給付給受益人，亦有投資功能。其中變額即是指保險金額會隨著投資帳戶中投資標的的價值有所變動，並非固定額度；而萬能則是代表繳費的時間和金額也都彈性，換言之，保戶可以在原定繳費週期之外，額外彈性繳費，在資金運用上較為靈活。

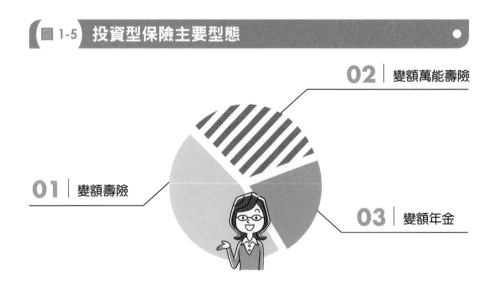

圖 1-5　投資型保險主要型態

02 ｜ 變額萬能壽險
01 ｜ 變額壽險
03 ｜ 變額年金

3. 變額年金

　　是一種保單現金價值與保險給付額度，會隨投資標的績效變動的投資型年金契約。變額年金與變額壽險所投資的資產都是透過分離帳戶的方式經營，而分離帳戶中的投資績效反映在變額年金的現金價值上。年金累積期間，可透過投資標的累積保單帳戶價值，待一定期間後，可一次領取年金或分次領取年金。強調年金給付的功能，適合作為退休規劃。

表 1-2　各類投資型保險商品比較

險種	變額壽險	變額年金	變額萬能壽險
保費繳納方式	固定。	固定。	不固定。
保單利率	不固定。	不固定。	不固定。
現金價值	不固定。	不固定。	不固定。
費用透明度	高。	高。	高。
投資收益	實際收益由保戶選擇之分離帳戶投資項目決定，具波動性。	實際收益由保戶選擇之分離帳戶投資項目決定，具波動性。	實際收益由保戶選擇之分離帳戶投資項目決定，具波動性。
保險身故保障	具最低死亡給付保證，並可依投資績效增加而增加給付。	通常附有最低保證給付金額，或提供少許身故保障。	具最低死亡給付保證，並可依投資績效增加而增加給付。
年金提領	可自行部分提領帳戶價值。	定期定額給付，通常可指定最低保證期限。	可自行部分提領帳戶價值。
客戶偏好	客戶承擔投資風險，具高報酬的可能，適合風險偏好者。	客戶承擔投資風險，具高報酬的可能，適合風險偏好者。	客戶承擔投資風險，具高報酬的可能，適合風險偏好者。
允許部分解約	否。	是。	是。

（三）健康保險

健康保險是被保險人於保險契約有效
期間內，罹患疾病或遭受意外傷害事故而
有門診、住院或外科手術醫療時，保險公
司依約定以定額、日額或依實際醫療費用
（是否扣除全民健康保險，或其他保險給
付部分，依照契約約定辦理）實支實付保
險金，通稱醫療保險。通常，本保險的保險期間為一年期保證續保，
但也有一年期以上者，例如癌症保險。目前市場健康保險包含下列商
品：

1. 住院醫療費用保險

指被保險人因傷害或疾病入住醫院治療，保險人就其住院期間
給付約定之補償金額，但受有最高補償總限額之限制。給付內容分
為：

(1) 實支實付：保險人依被保險人之實際醫療費用，超過全民
健保給付部分，依契約約定之金額額度內給付。一般包含
「每日病房費用保險金」、「住院醫療費用保險金」及「外
科手術費用保險金」等三項。

(2) 日額型：保險人依被保險人實際住院日數，依契約約定每
日住院醫療金額給付之。

2. 癌症保險

係指被保險人於保險有效期間內，經病理組織切片或血液檢驗
後，確定符合行政院衛生福利部刊印國際疾病分類代碼，歸屬於惡
性腫瘤，即原位癌之病症，並經醫師診斷罹患癌症者，由保險公司
給付保險金之責。通常有九十日之等待期間。此保險係專為需要鉅
額醫療費用之癌症治療而設計。

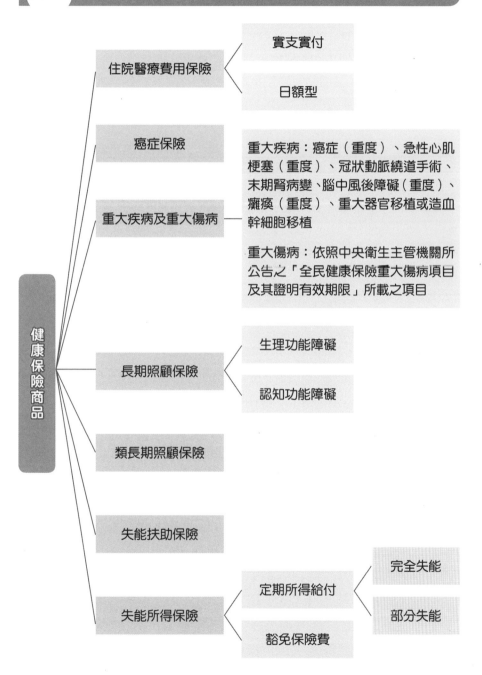

圖 1-6　健康保險商品

健康保險商品
- 住院醫療費用保險
  - 實支實付
  - 日額型
- 癌症保險
- 重大疾病及重大傷病
  - 重大疾病：癌症（重度）、急性心肌梗塞（重度）、冠狀動脈繞道手術、末期腎病變、腦中風後障礙（重度）、癱瘓（重度）、重大器官移植或造血幹細胞移植
  - 重大傷病：依照中央衛生主管機關所公告之「全民健康保險重大傷病項目及其證明有效期限」所載之項目
- 長期照顧保險
  - 生理功能障礙
  - 認知功能障礙
- 類長期照顧保險
- 失能扶助保險
- 失能所得保險
  - 定期所得給付
    - 完全失能
    - 部分失能
  - 豁免保險費

3. 重大疾病及重大傷病

　　重大疾病及重大傷病除保障內容有所不同，理賠認定依據也有所差異，以下簡略比較，以使投保之消費者了解，由於重大傷病險其疾病多元，所以保費預算較高，詳見表 1-3。

表 1-3　重大疾病與重大傷病之差異

險種	重大疾病	重大傷病
保障範圍	癌症（重度）、急性心肌梗塞（重度）、冠狀動脈繞道手術、末期腎病變、腦中風後障礙（重度）、癱瘓（重度）、重大器官移植或造血幹細胞移植。	依照中央衛生主管機關所公告之「全民健康保險重大傷病項目及其證明有效期限」所載之項目（遺傳病或先天性疾病、職業病除外），每家保險公司保障範圍或許有些差異，以上內容以主管機關之最新公告為主。
理賠金給付	通常為一次性給付。	

4. 長期照顧保險：被保險人於保險契約有效期間內因疾病、傷害、體質衰弱或認知障礙，經醫院專科醫師診斷確定符合「長期照顧狀態」者，保險公司依本契約約定給付保險金。保險公司通常以免責期間（通常九十日）屆滿之次日為長期照顧保險金之給付日。長期照顧狀態者係指被保險人經專科醫師診斷判定，符合下列之生理功能障礙或認知功能障礙二項情形之一者。

　　(1) 生理功能障礙：係指被保險人經專科醫師依巴氏量表或依其他臨床專業評量表診斷判定達六個月以上（不得高於六個月），其進食、移位、如廁、沐浴、平地行動及更衣等六項日常生活自理能力 (Activities of Daily Living, ADLs) 持續存有三項（含）以上之障礙。但經專科醫師診斷判定前述生理功能障礙為終身無法治癒者，不受六個月之限制。

　　(2) 認知功能障礙：係指被保險人經專科醫師診斷判定達六個

月以上（不得高於六個月），仍為持續失智狀態（係指按「國際疾病傷害及死因分類標準」第十版 (ICD-10-CM)），且依臨床失智量表 (Clinical Dementia Rating Scale, CDR) 評估達中度（含）以上（即 CDR 大於或等於 2 分，非各分項總和）者。但經專科醫師診斷判定前述認知功能障礙為終身無法治癒者，不受六個月的限制。

5. 類長期照顧保險：係指被保險人確定罹患保單所列舉的特定疾病（如阿茲海默症、巴金森氏症、腦中風、癱瘓等），保險公司便予理賠。但若患有的疾病與保單的項目不同，便無法獲得保障。

6. 失能扶助保險：指被保險人因為疾病或傷害，致達傷害保險失能等級表定義的特定等級失能時，由保險公司給付保險金。

7. 失能所得保險

　　係針對被保險人因發生特定疾病或意外傷害，而無法繼續工作或無法維持原有工作所得時，給予一定保額給付作為其所得損失之補償或給予豁免保費之健康保險。多數失能所得保險是以團體保險或個人保險承保，更多以個人健康險或傷害險採附約方式加保。個人之失能所得保險通常是保證續保，保險人不能因被保險人發生失能事故而不續保；但保證續保之費率會隨年齡調整，通常保單可持續至一定年齡（例如 65 歲）。

(1) 定期所得給付

　　完全失能：承保金額為月保薪資之 50%~70%。

　　部分失能：承保金額為月保薪資之 25%~50%。

(2) 豁免保險費

　　被保險人在某一年齡前（65 歲）罹患永久完全失能或一定條件，經過等待期間後仍處於失能狀態，則含有豁免保費條件之保單將給予保險費豁免，通常可以追溯自失能之日起，等待期間已繳之保險費得以退還。

表 1-4　長期照顧保險、類長照保險及失能扶助保險之比較 ●

	長期照顧保險	類長期照顧保險	失能扶助保險
目標族群	中老年族／擔心因老化可能需要長照之民眾。	家族曾罹患重大疾病或有遺傳史之民眾。	青壯族／從事意外事故風險較高行業之民眾。
承保範圍	日常活動功能喪失或心智功能喪失。	長照需求常見之病因：阿茲海默、巴金森氏症。	因意外事故或疾病所致之失能。
理賠標準	不分原因，以巴氏量表以及失智量表等智能測驗作為理賠依據。	以確診特定傷病的診斷書為主，有些疾病則另需檢附巴氏量表等資料。	失能等級表定義的特定等級失能。
理賠方式	一次性給付長期照顧金及分期給付的照顧金。	一次性給付的特定傷病保險金及分期給付的照顧金。	一次性給付的失能保險金及分期給付的失能扶助金。
優點	承保範圍較廣，符合需求狀況。	疾病定義明確。	失能等級易於判定，定期給付失能扶助金。
缺點	理賠判定有模糊空間（生理功能障礙、認知功能障礙）。	無法涵蓋全部病名。	失能與長照需求之關聯性不大。

（四）傷害保險

　　被保險人於保險契約有效期間內，因遭受意外傷害事故，致其身體蒙受傷害而致失能或死亡時，保險公司依約定，給付保險金；所謂「意外傷害事故」指非由疾病引起之外來突發事故。其構成要件為：

- ·須為身體上之傷害
- ·須由外來突發原因觸發
- ·須因意外事故直接所致（非疾病所引起）
- ·傷害之成因須非故意誘發（相當因果關係）

表 1-5	傷害保險與人身保險之不同	●

項目	人身保險	傷害保險
承保事故不同	以被保險人之生命及身體為承保標的。	以被保險人遭受意外事故所致身體傷害，而致失能或死亡。
保險期間不同	特定期間或終身保障。	最多為一年。
契約生效日不同	同意承保並收取第一期保險費開始，另若同意承保前預收第一期保費，則以同意承保時溯及預收第一期保費時開始。	保險單所載的始日午夜十二時起至終日午夜十二時止。
給付內容不同	身故保險金及完全失能保險金。	意外身故保險金、失能保險金及醫療保險金。
危險估計不同	以被保險人之性別、年齡及健康狀況為危險估計，並適用壽險經驗生命表。	以個人職業分類表為危險估計，因此有職業變更之通知規範。

1. 傷害保險與人身保險之不同
2. 傷害保險的種類
   (1) 普通傷害保險：又稱個人傷害險，係承保被保險人於有效期間，因遭受意外傷害事故，致其身體蒙受傷害而致失能或死亡，保險公司依照契約約定，給付失能保險金或身故保險金或喪葬保險金，並可附加醫療給付保險金。
   (2) 團體傷害保險：即以多數被保險人（須達 5 人或以上）但非以購買保險為目的而成組成之團體傷害保險。
   (3) 旅行傷害險：通常實務上稱為旅行平安保險，主要係承保被保險人於保險契約有效期間內，通常指旅行期間遭受意外傷害事故，致其身體蒙受傷害而導致失能或死亡時，依照保險契約約定給付保險金。惟與普通傷害保險主要區別為保險期間較短。目前旅行平安險，尤其是海外旅遊，為求保障之周全並為消費者之方便，有在主約之外的醫療部

圖 1-7 **傷害保險的種類**

01
普通傷害保險：又稱個人傷害險

02
團體傷害保險：多數被保險人（須達5人或以上）

03
旅行傷害險：實務上稱旅行平安保險

04
職業傷害險：通常多採用團體保險方式投保

表 1-6 **旅平險——人壽保險與財產保險之比較**

旅行險	人壽保險	財產保險
保障重點	著重人身安全保障。	著重行程事物保障（人＋物）。
保障內容	意外事故傷亡失能、海外突發疾病、海外急難救助。	意外事故傷亡失能、海外突發疾病、海外急難救助、旅遊第三人責任險、旅遊不便險各項目。
保費	較高。	較低。

註：旅遊不便險項目繁多，包括：個人責任保險、旅行文件重置費用、行李延誤補償保險金、行李損失補償保險金、班機延誤慰問保險金、班機改降慰問保險金、額外住宿與交通費用、劫機慰問保險金、食物中毒慰問保險金、信用卡盜用損失補償費用等。

分，如傷害醫療保險（實支實付）、海外突發疾病醫療保險等。保險市場上人壽保險及財產保險均有推出旅行平安險，然而其保障內容有所差異。兩者的不同在於壽險公司僅提供「人」的保障，而產險公司可以加保旅遊不便險，提供全面的保障，連同財物損失也有保障，較為完整。

(4) 職業傷害險：係指從事職業的人因執行職務所致身體的傷害，因暫時或永久喪失其工作能力時給付其保險金，以補償其醫藥費用及薪工收入損失的保險，通常多採用團體保險方式投保。

（五）年金保險

年金保險是在保險契約有效期間內，保險公司自約定時日起，每屆滿一定期間給付保險金。年金給付期間若約定以被保險人生存為要件給付者，稱為生存年金給付期間；不以被保險人是否生存為條件給付者，稱保證給付期間。保險費躉繳的年金保險，於保險費交付後，即進入年金給付期間，稱之為即期年金保險；保險費分期交付的年金保險，於繳費期間終了後，進入年金給付期間，稱之為遞延年金保

表 1-7　即期年金保險及遞延年金保險比較表

類型	即期年金保險	遞延年金保險
定義	被保險人繳交躉繳保險費後一年內，保險公司會定期給付被保險人年金金額，至被保險人身故為止。	被保險人繳交保險費一段期間（例如：20 年）或至特定年齡（例如：65 歲）後，保險公司會定期給付被保險人年金金額，至被保險人身故為止。
主要商品種類	傳統型年金保險。 利率變動型年金保險（乙型）。	傳統型年金保險。 利率變動型年金保險（甲型／乙型）投資型年金保險。
繳費方式	躉繳（一次付清）。	躉繳（一次付清）／非躉繳（定期定額或彈性繳）。
給付方式	契約成立繳交躉繳保險費後一年內，即按期給付年金。	契約成立後經過一定期間的年金累積期，保險公司開始按約定一次或分期給付年金。
累積期間	沒有累積期間（年金給付通常在繳交躉繳保險費後一年內開始）。	累積期間通常持續數年。
適合對象	用來安排老年生活之經濟支出。	從年輕開始，由薪資中提撥一部分作為保險費，為自己規劃老年生活。

險。因此，年金保險為老年退休收入一種規劃的工具，為銀髮族保險規劃除了健康保險及長期照顧保險之外重要的一部分。

1. 年金保險的種類：

　　(1) 被保險之人數來分類：個人年金及連生年金。

　　(2) 依給付開始之日期來分類：即期年金和延期（遞延）年金。

　　(3) 依給付單位來分類：定額年金及變額年金。

　　(4) 依給付期間來分類：終身年金、最低保證年金和短期年金。

　　(5) 其他分類：生存年金和確定年金、期初付和期末付年金、傳統型年金和利率變動型年金及投資型年金。

　　　　A.傳統型年金：其預定利率是固定的，年金保單價值準備金於年金累積期間或遞延期間或年金給付期間，依此固定的預定利率計算年金金額。

　　　　B. 利率變動型年金：累積期間的年金保單價值準備金，是以每一保單年度隨市場環境調整的宣告利率計息，充分反映市場基本報酬率之波動。利率變動型年金保險會根據每年領取年金金額是否固定或變動，又可分為甲型及

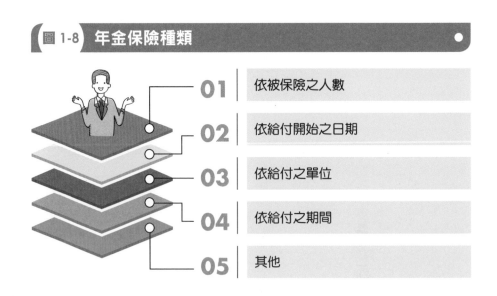

圖 1-8　年金保險種類

01 | 依被保險之人數

02 | 依給付開始之日期

03 | 依給付之單位

04 | 依給付之期間

05 | 其他

表 1-8 **傳統型、利率變動型及投資型年金保險比較表**

類型	傳統型年金保險	利率變動型年金保險	投資型年金保險
保險費	固定／彈性。	固定／彈性。	固定／彈性。
繳付方式	躉繳（一次付清）、定期繳。	躉繳（一次付清）、定期繳／不定期繳。	躉繳（一次付清）、定期繳／不定期繳。
利率約定	預定利率（投保時已確定）。	保險公司宣告利率。	投資連結標的報酬率。
年金給付方式	即期年金／遞延年金。	即期年金／遞延年金。	遞延年金。
累積期間的增值方式	年金保單價值準備金依預定利率及生存率等條件計算。	年金保單價值準備金依宣告利率增值。	保單帳戶價值依投資連結標的績效變動。
年金給付金額	固定。	固定（甲型），變動（乙型）。	固定或變動。
保戶風險偏好	極低。	低。	中。
投資風險	由保險公司承擔。	由保險公司承擔。	由要保人承擔。

註：利率變動型年金保險甲型不得以即期年金方式處理，乙型得以即期年金方式處理。

乙型兩種。甲型：年金給付開始時，以當時之年齡、預定利率及年金生命表換算定額年金。乙型：年金給付開始時，以當時之年齡、預定利率、宣告利率及年金生命表計算第一年年金金額，第二年以後以宣告利率及上述之預定利率調整各年度之年金金額。

C.投資型年金：以變額年金保險為主，要保人可定期定額或彈性繳交保費，並可自己決定投資金額及投資標的，依分離帳戶投資績效計算年金保單價值準備金。

2. 年金保險的特色：

　　除了領取政府或企業退休金，還可運用儲蓄或投資來準備自己的退休金，但儲蓄（定期存款）常受到外來因素的影響（如：通貨膨脹）而無法達到預期目標，而投資（債券、共同基金、股票）則必須承擔報酬率不確定的風險；年金保險的風險低，利率比儲蓄存款還高，在約定期間內，有約定的年金金額可領取，活得越久、領得越多，無須因為活得比預期久，而擔憂退休金不足的問題。因此，對於為自己規劃未來退休生活的一般大眾，年金保險是最適合的理財工具之一。

1-3 人生各階段的風險及人身保險規劃

一、人生各階段風險及保險規劃

　　個人及家庭生活在風險社會中，面對人生一些無可避免的風險，因此我們先了解生命週期，一個人從出生至死亡期間內，正常情況下將歷經過孕育期、建設期、成熟期及空巢期等四階段的生命週期，各階段都存在不同的風險。在人生不同的階段，需要的生活模式也不相同，保險的保障亦是如此。為守護每個重要的當下，更需要定期檢視、了解自身需求，規劃適合的保險，才能確保保費是花在刀口上，而最好的方式就是依不同年齡需求來規劃保險，人生各階段保險產品規劃彙總如下表 1-9。

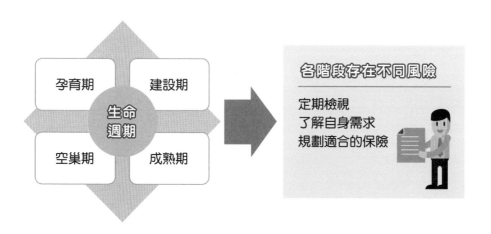

表 1-9	人生風險之分類及保險規劃	

人生階段	規劃之適合商品	說明
孕育期 （預計 0-22 歲）	定期壽險、傷害保險、醫療保險、防癌保險、終身壽險。	係指出生至完成基本教育及技能階段，在此階段保險的目的主要是以保障為主，由於健保不足，因此增加醫療及防癌保險。
建設期 （預計 23-35 歲）	定期壽險、終身壽險、傷害保險、醫療保險、失能保險、投資型保險。	個人完成學校教育進入社會就業、結婚、生育小孩之期間，是人生重大階段，由於是事業起步階段，保險規劃以低保費、高保障之壽險、傷害險為原則，另須考量因意外事故所致喪失工作能力之需求。
成熟期 （預計 36-60 歲）	定期壽險、終身壽險、傷害保險、生存保險、生死合險、年金保險、醫療／防癌險。	此時間已成家、工作穩定，故特別著重家庭經濟支柱的保障需求，保險規劃應全方位為考量，除家庭重大責任須有壽險來規劃，子女的教育基金及自己的退休金均須提早準備。
空巢期 （預計 60 歲以後）	年金保險、重大疾病、長期照顧保險、生死合險。	此階段亦稱銀髮期，通常為 60 歲之後，保險規劃應以退休生活費用及醫療費用為主。

二、壽險需求遞減責任理論

　　購買人壽保險的主要目的，在於取得一筆財富或資產，以用於保障由於死亡、疾病、失能、失業及老年等風險事故，所造成本人或家庭的財務損失。然而，個人對家庭所需負擔的責任，隨著年齡而不同，年輕時負債多、責任重，對保險需求高；年紀漸大，負債減少，對保險需求減低，因此個人因其年齡所負的責任不同，而呈現對保險需求遞減現象。

圖 1-9　人生各階段的風險及保險

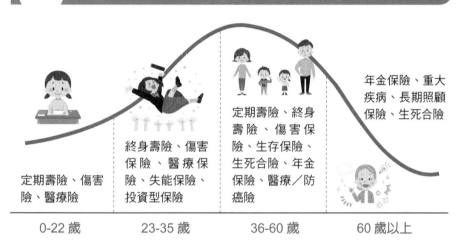

定期壽險、傷害險、醫療險

終身壽險、傷害保險、醫療保險、失能保險、投資型保險

定期壽險、終身壽險、傷害保險、生存保險、生死合險、年金保險、醫療／防癌險

年金保險、重大疾病、長期照顧保險、生死合險

0-22 歲　　　23-35 歲　　　36-60 歲　　　60 歲以上

1-4 如何評估人身保險的保險金額

一、人身保額需求額的決定方式

對於每個人或家庭而言,個人及家庭的責任、人身價值與財務需求,均與下列目標有關:1.生活收入,2.特定目的的財務來源,如子女教育金,3.退休生活費及健康費用,4.喪葬費用,因此最常被用來計算壽險保險金額的方法有下列各種方式:

(一)生命價值法

以某人現在的經濟情況來計算其生命價值,估算將來賺取貨幣收入的現值。評估方法:

1. 評估某人一生中每年平均賺取所得的金錢。

2. 扣除稅項和其他費用。

3. 從現在到退休的年期。

4. 使用合理的貼現率,找出現值。

(二)財務需求法

分析當家庭主要收入成員發生死亡或失能事故時,個人及家庭的財務規劃所需的財務需求,一般共同需求為:

1.喪葬費用,2.未來生活所需費用,3.到子女獨立自足階段所需的收入,4.子女獨立自足後,尚存配偶的生活費用,5.特殊目的的財產需求,6.退休後的生活費用。

壽險需求保額=(個人或家庭的財務需求)+(未來收入需

圖 1-10 **計算壽險保額的方法**

01 生命價值法

以某人現在的經濟情況來計算

02 財務需求法

個人及家庭財務規劃所需的財務需求

03 家計勞務法

〔（家計勞務價值）＋（實際工資收入）－（基本費用與開支）〕×（貼現率）

04 資本自留法

除現有生產性資本外，尚需多少額外的生產性資本所需資金，才是未來生活所需的收入

求）－（現有的財富及保障）。

（三）家計勞務法

　　是以一個人在具工作能力的生命期間內，為了能夠保障家庭生活之家計勞務而去計算一個人的生命價值。主要是針對居家服務提供者予以計算其人身價值。以此家計勞務總現值，作為購買人壽保險合理的保險金額。通常家計勞務法衡量人身價值之考慮因素包含下列數項：

1. 家計勞務價值：每年家計勞務價值＝工作時數 × 一般工資時薪 ×365。
2. 實際工資收入（每年實際薪資所得）。
3. 基本費用與開支：扶養費（含個人生活費）、繳稅、醫療費用等。
4. 預期未來工作年數：現代人晚婚，平均以 33 年估算。
5. 貼現率：若使用 6% 的貼現率，累積 33 年期末付貼現值為 14.230。

6.家計勞務總現值＝〔(1) ＋ (2)—(3)〕×(5)。

（四）資本自留法

　　是除現有生產性資本外，另外需有多少額外的生產性資本，才能產生未來生活所需的收入。取得這些額外的生產性資本所需資金，則來自於壽險保險金的規劃。故壽險保額的估算程式：

1.首先編製個人資產負債表。

2.計算現有生產性資本額。

3.選擇一貼現率 r 還原所需額外的生產性資本額。

1-5 普惠金融與社會、環境永續保險商品

一、小額終老保險

　　由於我國已進入高齡社會，面對人口老化及少子化趨勢，為了使保險充分發揮其保障功能，增進民眾基本保險保障，透過小額終老保險之設計，以利高齡長者取得基本保險保障，此商品屬於為政策性商品。

（一）小額終老保險特色
1. 保障終身。
2. 低保費，保險費較其他同類型壽險便宜。
3. 低投保門檻，對於已超過一般壽險承保年齡的高齡族群，可透過此保險取得基本保險保障。

（二）小額終老保險商品種類
1. 傳統型終身人壽保險主契約。
2. 一年期傷害保險附約。

（三）小額終老保險商品適用的族群
　　綜合上述特色，有三大族群較適合投保小額終老險：
1. 預算有限，想建構基本保障者，如小資年輕人或家庭責任沉重的三明治族，可用小預算強化壽險保障。
2. 已超過一般壽險承保年齡的高齡族群，可利用小額終老保險為自己規劃身後一筆費用，也可減輕子女負擔。
3. 投保條件較差的族群，只要體況不要太嚴重，基本上都可以透過小額終老保險為自己增加壽險保障。

圖 1-11　小額終老保險

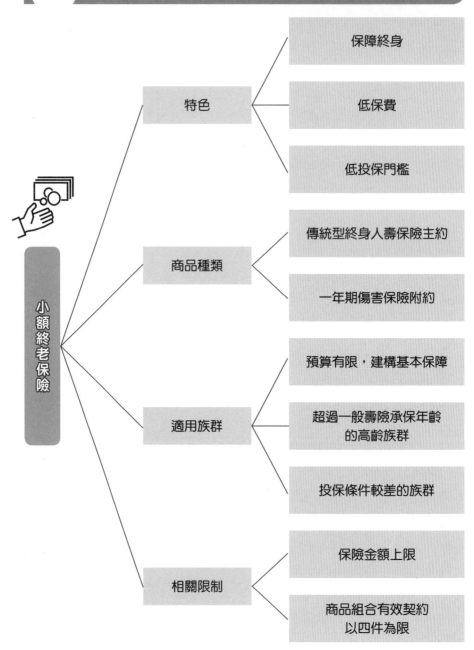

小額終老保險

特色
- 保障終身
- 低保費
- 低投保門檻

商品種類
- 傳統型終身人壽保險主約
- 一年期傷害保險附約

適用族群
- 預算有限，建構基本保障
- 超過一般壽險承保年齡的高齡族群
- 投保條件較差的族群

相關限制
- 保險金額上限
- 商品組合有效契約以四件為限

表 1-10　小額終老保險與傳統終身壽險之比較 ●

險種	小額終老保險	傳統終身壽險
保單類型	終身壽險	終身壽險
保障內容	1. 身故保險金。 （1-3 年身故，給付總保費的 1.025 倍，第 4 年度起身故，依保險金額給付。） 2. 完全失能保險金。 （1-3 年完全失能，給付總保費的 1.025 倍，第 4 年度起完全失能，依保險金額給付。） 3. 祝壽保險金。	1. 身故保險金。 2. 完全失能保險金。 3. 祝壽保險金。 4. 失能豁免保費。
投保年齡	最高 84 歲。	最高 60-75 歲。
保額上限	90 萬。	6,000 萬。

（四）小額終老保險商品之相關限制

1. 傳統型終身人壽保險主契約保險金額上限 90 萬，一年期傷害保險附約保險金額上限 10 萬。
2. 個別被保險人之「小額終老保險」商品組合有效契約以四件為限，主、附約視為一件。

二、微型保險

　　微型保險 (Microinsurance) 為政策性商品，也是種社會型保險商品，其目的主要是提供經濟弱勢者基本程度的人身保險保障，以填補政府社會保險或社會救助機制不足的缺口。所以微型保險制度的設計，是以配合經濟弱勢者或特定身分者的需求為最主要的考量，具有以下幾項特色：

（一）以經濟弱勢者為承保對象。

（二）保險金額低，保費低廉。

（三）保障期間較短、保障內容簡單。

（四）繳費方式具彈性。

（五）以個人保險、集體投保或團體保險方式承作。

表 1-11 小額終老保險與微型保險之比較

名稱	小額終老保險	微型保險
政策目的	因應高齡化社會，普及老人基本保險保障。	保障所得較低的民眾或具特定身分之弱勢民眾（例如：原住民、漁民、農民、社福團體服務對象或身心障礙者）因死亡或意外，陷入困境。
保單類型	傳統終身壽險主約、一年期傷害保險附約。	一年期傳統壽險、一年期傷害保險、一年期實支實付傷害醫療險。
被保險人資格	各保險公司自行決定。	低收入、低所得等 11 類經濟弱勢。
投保方式	各保險公司自行決定。	個人投保、集體投保、團體投保。
保額上限	壽險主約 90 萬。	1. 累計投保微型人壽保險之保險金額不得超過新台幣 50 萬元。 2. 累計投保微型傷害保險之保險金額不得超過新台幣 50 萬元。 3. 累計投保微型傷害醫療保險之保險金額不得超過新台幣 3 萬元。
投保年齡	最高不超過 84 歲。	各保險公司自行決定。
特色	高齡、有體況者可保，無須體檢。	低保額、低保費、保險期間短。

圖 1-12　微型保險特色

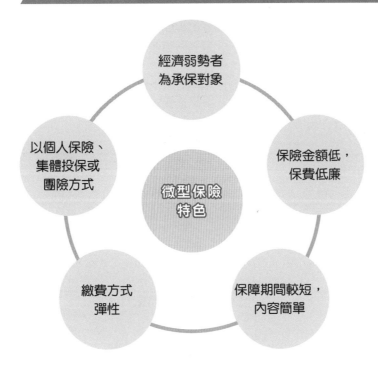

經濟弱勢者
為承保對象

以個人保險、
集體投保或
團險方式

微型保險
特色

保險金額低，
保費低廉

繳費方式
彈性

保障期間較短，
內容簡單

三、團體保險

　　團體保險係以團體為投保單位，集合該團體中利害與共之成員為被保險人。成員可為員工、公會及其眷屬，以公平合理方式分擔保費，透過保險金給付彌補成員經濟損失。若為企業體替員工投保，可視為一種員工福利措施，可以強化公司的法令及企業責任，對雇主而言亦可提升企業面對風險事故應變能力，提供企業永續經營，因此也算是社會永續保險之一。團體保險所謂的「團體」，係指具有 5 人以上且非以購買保險為目的而組成之團體。

圖 1-13　團體保險

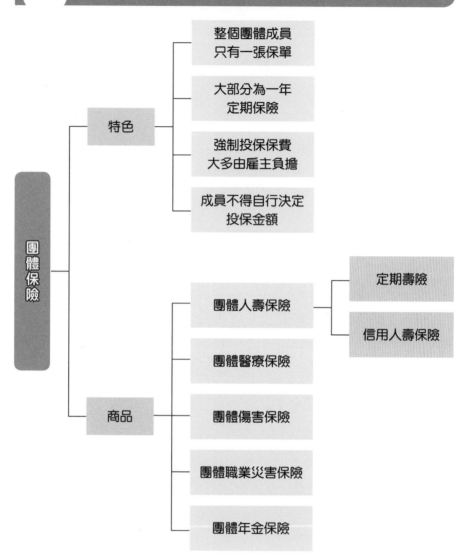

（一）團體保險的特色

1. 整個團體成員只有一張保險單，大多數成員免體檢，保險契約包含要保書、契約條款及團體成員名冊。
2. 團體保險契約大部分為一年定期保險，投保須考慮合法性、人數、成立原因及成員流動性等問題。
3. 若強制投保保費，大多由雇主負擔；如採自由參加，保險費由雇主與被保險人分擔。
4. 團體成員不得自行決定投保金額，決定保額的方式可依薪資所得、職位、年資、統一保額或採混合制，或依《勞基法》與勞保保額差額作為保額。

（二）團體保險商品

1. 團體人壽保險

    (1) 團體定期壽險：為團體人壽保險之最主要的型態之一。提供被保險人在保險有效期間內，發生失能（指完全失能）或死亡時，保險公司給付失能保險金或身故保險金，市場上常見保險期間為一年期。

    (2) 團體信用人壽保險：為一種一年定期死亡保險，每年續保，不具現金價值，主要其要保人為金融機構（債權人）也是受益人，被保險人為債務人，於保險事故發生時保險公司代替被保險人償還貸款餘額給金融機構，保險金額將隨被保險人的貸款金額逐年降低。

2. 團體醫療保險

    係提供被保險人因疾病或意外事故所需住院治療時，保險提供「病房及膳食費」、「住院醫療費」、「手術費」、「診察費」等之給付，通常配合社會保險的給付，補償社會保險不支付部分，但也有不管社會保險而採「每日住院定額」給付。

3. 團體傷害保險

　　係提供被保險人因意外事故所致死亡、失能或身體傷害，給付死亡或失能保險金或傷害保險金，其保險費之計算與年齡無關，而依該團體的職業類別核計保費。由於風險事故僅針對意外事故所致死亡、失能或身體傷害，所以保費較為便宜。

4. 團體職業災害保險

　　係指保險公司於保險契約有效期間內，依據《勞基法》第 59 條規定：「勞工因遭遇職業災害而致死亡、失能、傷害或疾病時，雇主依規並予以補償。」此保險即針對勞保職業災害保險給付不足部分，提供團體職業災害保險。

5. 團體年金保險

　　係由保險公司為一特定團體所設計的退休計畫，由保險公司依照承保範圍計算雇主全額負擔之提撥金，或由勞資雙方共同負擔提撥金之多寡，該提撥金視同保險費繳付承保公司，日後承保公司依保單之約定，對其團體員工給付保險金之責任的團體保險。

四、外溢保險商品

　　壽險外溢保險，鼓勵被保險人多吃蔬菜並減少對畜產肉類的食用，同樣可以減少保費支出，並減少食用動物的畜養需求，等同減少人類對自然山林地的破壞與食用動物排泄物的甲烷產生，對於環境及減碳具有實效。外溢保單是透過保戶自主健康管理與保險商品之結合，由保險公司提供保費折減、增加保額或加值給付等服務，鼓勵被保險人規律運動、接觸健康飲食，進而降低罹病率以達到事前預防之效益，同時減少醫療成本，創造三贏外溢效果。其種類可分為下面三種：

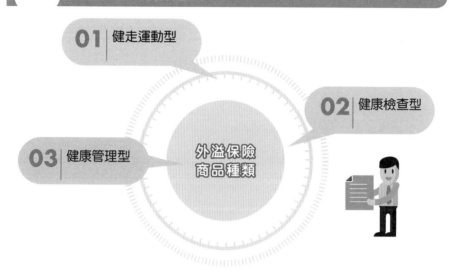

圖 1-14 外溢保險商品種類

01 | 健走運動型

02 | 健康檢查型

03 | 健康管理型

外溢保險
商品種類

（一）健走運動型

鼓勵民眾運動，利用 APP 或配置穿戴式裝置來記錄每日步數，如果平均步數達到要求，隔年保單可享有保障增額、保費折扣或其他獎勵。

（二）健康檢查型

根據保戶的健康檢查報告內容，分別給予不同程度的保障增額。

（三）健康管理型

約定好實踐其他控管健康方式，完成事項後且狀況符合保險公司要求，便給予獎勵。如定期做檢查、接受戒菸、戒酒的治療、接種疫苗等。

外溢保單是健康保險與穿戴式裝置、行動裝置結合後之新產品，藉由運用穿戴式裝置連結智慧型手機之 APP，蒐集被保險人的健康狀況及生活習慣，作為風險控制基礎並給予獎勵，以此追蹤並鼓勵被

圖 1-15　外溢保單互動機制

01 健走運動型

要求利用 APP 或運動裝置記錄每日健走步數，如保戶平均步數達標即可獲得獎勵。

02 健康檢查型

根據保戶的健康檢查報告內容，分別給予不同程度的保障增額。

03 健康管理型

約定好實踐其他控管健康的事，如戒菸、戒酒。完成事項後且狀況符合要求，便給予獎勵。

保險人繼續保持運動習慣，使其有更健康的生活型態，進而預防與降低罹病的機率，以達到損害防阻的作用，圖 1-16 為外溢保單與穿戴式裝置和移動裝置之關係圖。

圖 1-16　外溢保單與穿戴式裝置和移動裝置之關係圖

若符合契約之約定內容，將依契約內容給予獎勵

保險公司

檢視保戶之運動量是否符合契約之約定

保戶

透過穿戴式裝置蒐集每日運動量

穿戴式裝置

將每日運動量上傳並儲存至手機

移動裝置

透過智慧型手機蒐集每日運動量

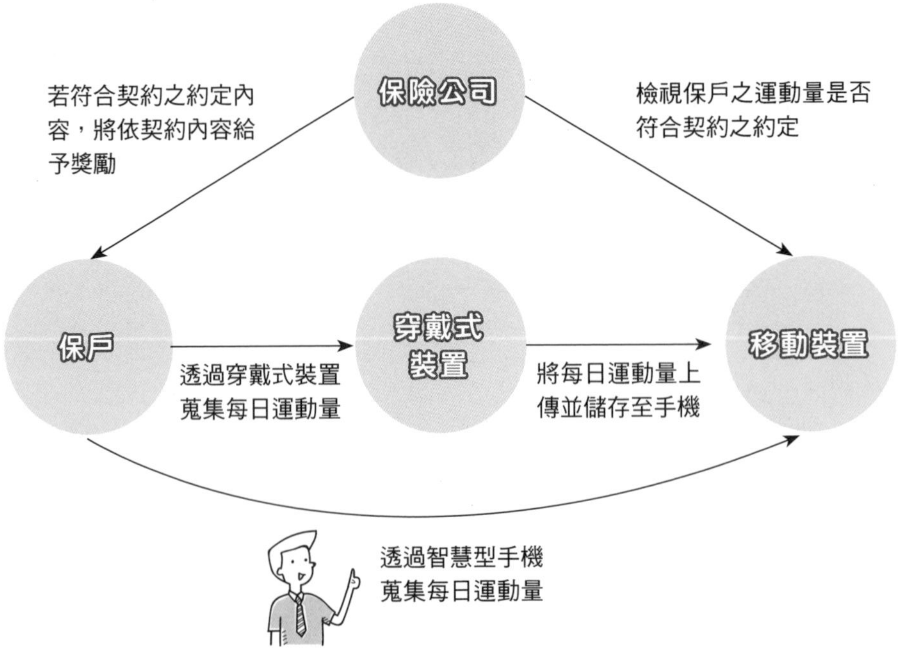

1-6　如何購買人身保險

一、購買保險的思考模式

（一）確實了解購買保險的目的。

（二）檢視自己的保險需求。

（三）謹慎評估長期負擔保費的能力。

（四）慎選保險公司（財務狀況、服務價值、理賠、公司誠信等）。

（五）慎選保險業務人員。

（六）保險是轉嫁風險的工具或是理財投資工具，應視個人意識而定。

（七）投保人壽保險要的就是保障，投資可以找其他專業公司來做服務。

（八）就保障而言，最適合的人壽保險商品不外是定期壽險或終身壽險。

（九）雙十法則的運用。

　　保障需求：保險保障的額度約為年收入的 10 倍。

　　保費支出：通常以不超過年收入的十分之一為原則。

二、了解自己的權益

（一）保險是誠信契約（最大誠信原則）

　　保險制度之公平合理運作，有賴交易雙方秉持最大誠信之態度。

　　保險人（賣方）之誠信，主要在於實踐保險保障之承諾，不應發生無法提供保險給付之情況。要保人（買方）之誠信，主要是提供正確與充分之投保資訊，以便保險人計算公平費率，避免發生逆選擇現象。

（二）契約撤銷權的行使

1. 契約撤銷是投保人訂立契約後認為商品不符合其需求，所行使的權利，而壽險公司亦尊重當事人的意願，以降低保險糾紛。
2. 契約撤銷行使期間為保單送達之翌日起算十日內，契約一經撤銷，保險契約自始無效。
3. 保險公司須退還所繳之保險費。
4. 撤銷未生效前，如發生保險事故，視同未撤銷，保險公司仍須依保險契約約定負給付保險金之責任。

（三）保單年齡的計算

保險年齡計算係指投保時被保險人以足歲計算之年齡，未滿 1 歲的零數超過六個月者加算 1 歲，以後每經過一個保單年度加算 1 歲。從投保日開始計算，如果超過生日六個月，則會多加 1 歲；若投保當時，生日仍未滿六個月或剛好六個月，則以原年齡計算。

（四）保單分紅

保單分紅可分為以下方式，包含現金分紅、累積儲存生息、抵繳續期保費、購買增額繳清保險、購買增額定期保險。

（五）不喪失價值 (Nonforfeiture value)

即壽險保單之現金價值或解約價值，係指長期人壽保險契約，在「平準保費」繳納方式下，保險契約生效一段時間（通常為二年以上）後，累積有「保單價值準備金」，稱為「不喪失價值」，當被保險人契約滿期前解約或終止，保單所具有之現金價值並不因此而喪失。

「不喪失價值」可由保戶自行決定保單權益之處理方式，即為保單選擇權 (Policy options)，分述如下：

1. 更換為展期定期保險。
2. 更換為減額繳清保險。

3. 領取解約金：依《保險法》119 條第一項規定，要保人終止保險契約，而保險費以付足一年以上者，保險人應於接到通知後一個月內償付解約金，其金額不得少於要保人應得保單價值準備金之四分之三。

（六）契約載明之免責期間和不保事項

一般人壽保險之不保事項，即被保險人有下列情形之一者，保險公司不負給付保險金之責任。

1. 要保人故意致被保險人於死者。
2. 被保險人因犯罪處死，或拒捕，或越獄致死，或失能。
3. 被保險人故意自殺或自成失能。但自契約訂立或復效之日起二年後故意自殺致死者，保險公司仍負身故保險金或喪葬費用保險金之責任。前項第一款情形致被保險人完全失能時，保險公司按一般失能保險金給付。前項各款情形，可退還保單價值準備金，依照規定退還保單價值準備金。受益人故意致被保險人於死或雖未致死，該受益人喪失受益權。但受益人故意致被保險人於死，其他受益人仍可申請全部保險金。

（七）保單借款

是指要保人以保單為擔保品而向保險人借貸金錢。一般而言，可累積現金價值之壽險保單有這項權利。保單借款條款說明凡是保單已累積現金價值，要保人可以在保單現金價值之某一比例範圍內申請保單借款。保單借款之利率，通常會在壽險契約中事先約定計算方法。一般而言，保單借款利率通常較其他銀行借款利率優惠。保單借款之主要特質包含下列要項：

1. 借款金額不超過保單現金價值扣除下一年度之利息，亦即預扣一年利息。
2. 借款利息依據保單所約定之利率支付。
3. 任何未支付之到期利息，就會由另一筆保單借款自動支付，而如果

所欠之本金與利息已經超過保單現金價值，則保單就會終止。

4. 要保人可以在任何時間償還借款。

5. 如果保單終止而需支付解約金，或是被保險人死亡而需支付死亡給付，則保險人將從解約金或死亡給付中扣除未償還之借款。

（八）寬限期間

是指保險公司對要保人未按時繳續期保費所給予的寬限時間。年繳或半年繳者，未能照契約所載交付方法及日期交付保險費，保險公司會寄發「催告」通知，自「催告」到達隔日起三十天內為寬限期間；月繳或季繳則不另為催告，自保險單所載交付日期隔日起三十天為寬限期間。在寬限期間內保單皆具效力。

（九）自動保費借款或墊繳

這種借款是專門用以代繳保費。因為在傳統壽險保單下，倘若要保人在保費寬限期間之後仍未繳保費，則保單停止效力。若保單有此自動保費借款款條，則保險人在保單現金價值範圍內，自動來墊繳過期之保費。其目的主要是在於避免要保人因錯過繳費期限而造成契約停效。

圖 1-17　了解自己的權益

01	保險是誠信契約
02	契約撤銷權的行使
03	保單年齡的計算
04	保單分紅
05	不喪失價值
06	契約載明之免責期間和不保事項
07	保單借款
08	寬限期間
09	自動保費借款

1-7 超高齡社會的保險規劃

　　根據國發會，台灣將於 2025 年邁入超高齡社會，65 歲以上人口占總人口比率達到 20%，每 5 個國人中有一位是超過 65 歲。受高齡化與少子化衝擊下，工作年齡人口逐漸減少，預見未來勞動人口的負擔將大幅增加。國人傳統的理財與保險保障習慣，以及原有退休資產配置與保險觀念，恐難以因應社會對未來退休生活的影響，因此國人必須提早規劃自身退休金藍圖。

一、超高齡社會面臨的問題及規劃

（一）壽命延長風險：民眾平均壽命持續延長，然而隨著平均壽命的延長，隨之而來的長壽風險，更使得原有的經濟來源能否滿足較預期為長時間的退休與老年生活，增加了更多之不確定因素，亦即高齡者於年輕時代所準備的儲蓄與投資，極有可能不夠承擔長壽風險帶來的成本。

（二）扶養比率上升：高齡者問題為工業化與都市化社會的產物，由於家庭功能的逐漸衰微、現代社會少子化的影響，未來將是「食之者眾、生之者寡」的狀況，亦即需要社會照顧與提供社會福利的高齡人口日增，但有能力供養老年人口的生產人口越來越少，人口老化的問題將對社會逐漸形成重大的負擔。

（三）醫療費用增加：醫療及健康照顧的費用也將隨之增加。根據研究顯示，醫療健康照顧有以下風險，包括：高達 1/4 高齡者有較嚴重之健康風險，且高齡者之疾病邁向多元化，在醫療費用方面，台灣高齡者（65 歲以上）每年每人平均醫療支出約 8~10 萬元，為一般民眾平均值的 3 倍。

（四）長期照顧需求：由於人口老化速度不斷加快，老年人口比率持續攀升，繼之而來的高齡者人口引發之生活照顧、失能照顧等

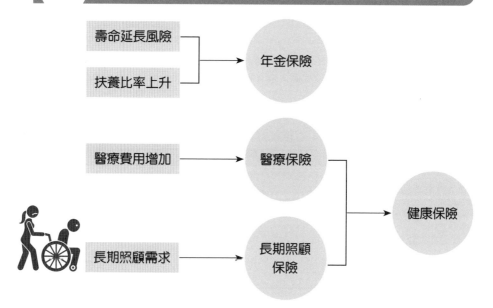

圖 1-18　超高齡者風險類型與高齡保險因應措施對照圖

壽命延長風險

扶養比率上升

年金保險

醫療費用增加

醫療保險

健康保險

長期照顧需求

長期照顧
保險

　　問題亦隨之浮現，且日趨嚴重；根據統計，台灣失能人口每年以 20% 之比率持續增長中，未來長期照顧需求將越顯重要。

二、一般民眾退休金來源及保障

　　面對退休金準備，第一為政府退休金制度，第二為職業退休金，雇主與受僱者相對提撥，第三為個人自行儲蓄。若民眾要開始做退休規劃，建議第一步先了解自己的退休需求，第二步估算自己總共需要準備多少退休金，第三步了解自己可以從政府與雇主提撥的退休帳戶中領到多少退休金，第四步了解自己退休金不足的缺口，第五步計畫理財以彌補退休金缺口。若政府或雇主提供的退休金不足以滿足個人的退休生活，個人退休準備就更不可忽視，應及早規劃並善用市場上的優質退休金融商品，如分紅保險、年金保險與長期照顧保險，來彌補退休保障缺口。

圖 1-19　台灣退休金三大支柱金字塔圖

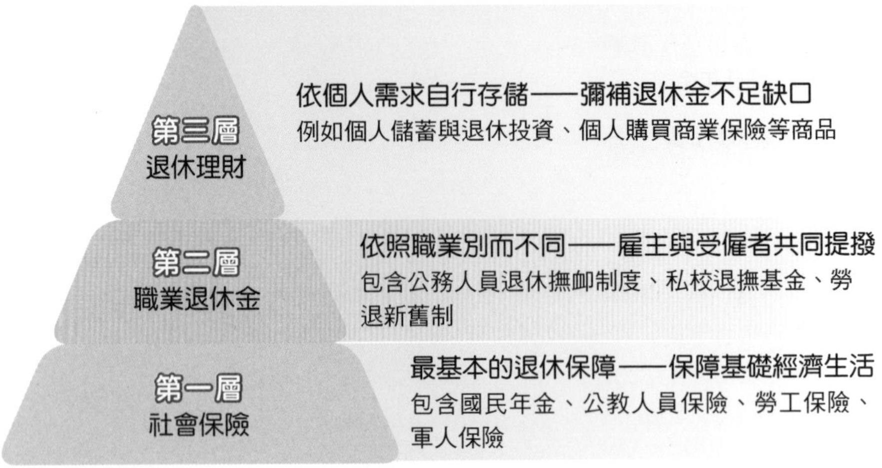

第三層 退休理財
依個人需求自行存儲——彌補退休金不足缺口
例如個人儲蓄與退休投資、個人購買商業保險等商品

第二層 職業退休金
依照職業別而不同——雇主與受僱者共同提撥
包含公務人員退休撫卹制度、私校退撫基金、勞退新舊制

第一層 社會保險
最基本的退休保障——保障基礎經濟生活
包含國民年金、公教人員保險、勞工保險、軍人保險

三、超高齡保險規劃商品

超高齡化社會之保險商品種類：

（一）年金保險：因面臨少子化影響下，民眾必須為自己準備退休生活金額，年金保險是在退休年齡或指定年齡，開始定期給付年金金額，作為退休後生活的經濟來源，可以維持退休後一定生活水準。

（二）長期照顧保險：因人口快速老化導致老年失能人口增加，長期照顧保險可提供未來罹患失能或失智時，需人照護所需的高額及定期費用。

（三）醫療保險：因國人壽命延長致使老年醫療期間與費用相對增加，醫療保險可提供未來老年時期較多醫療保障需求。

有關因應超高齡保險商品的規劃，參考表 1-12。

表 1-12　因應超高齡化社會之保險商品特性 ●

項目	年金保險		健康保險	
	遞延年金保險	即期年金保	醫療保險（終身）	長期照顧保險
保障內容	被保險人繳交保險費一段時間（如：20 年）或至特定年齡（如：65 歲）後，保險公司會定期給付被保險人年金金額，至被保險人身故為止。	被保險人繳交躉繳保險費後一年內，保險公司會定期給付被保險人年金金額，至被保險人身故為止。	被保險人在屆滿等待期間後，終身期間內因疾病或傷害而住院接受診療時，保險公司會給付醫療保險金。	當被保險人罹患符合長期照顧狀態（例如：失去日常生活能力 6 項中的 3 項者），且屆滿免責期間後，保險公司會定期給付被保險人長期照顧保險金。
滿足需求	提供退休後生活的經濟來源，維持一定生活水準。		提供醫療費用之終身保障。	提供因失去日常生活能力之經濟保障。
適合族群	青年、中壯年族群。	退休或高齡族群。	各年齡族群。	中壯年、高齡族群。
規劃重點	人口老化、少子化及扶養比越來越高，年輕族群應趁早透過遞延年金保險，為將來老年生活儲備經濟來源。	利用一次給付退休金購買即期年金保險，解決因長壽而延長的生活經濟來源。	可解決未來年老時買不到醫療保險的窘境，並應付老年時期較多的醫療保障需求。	因應人口快速老化與少子化雙重危機，及早購買長期照顧保險，以防患未來年老時需人照護之費用所需。

四、保單活化（轉換）

　　金管會於 2014 年推出「保單活化」政策，民眾可以將現有傳統型終身壽險保單，轉換為同一壽險公司的醫療險、長期照顧保險或遞延年金，以支付高齡退休後發生的醫療、長期照顧及生活等支出，也

就是將原本的壽險身故保險金轉換成生前的養老金，再依自己需求重新分配既有的保險和保單資源。反悔期為三年（可再次轉回原契約）。

（一）保單活化特色
1. 是一種選擇權。
2. 保戶應從自身「需求面」和「效益面」考量。
3. 利用原有保單價值準備金計算。
4. 從他益型轉為自益型。
5. 屬於功能性轉換。

（二）保單活化注意事項
1. 轉換後保費如產生差額，仍需補繳保費或由保險公司退還差額。
2. 轉換後預定利率變低，保費成本相對提高。
3. 透過解約並扣除稅額後，可能比保單轉換更划算。
4. 轉換後的醫療險、年金險或長期照顧險保障，會因保戶生存的時間長短或保單理賠給付方式不同，可能出現領到的總金額低於轉換前的壽險保單。

（三）適合保單轉換的三種情況
1. 確認自己有多餘壽險保障：
    如不是家中經濟支柱，或如果不幸身故，手邊的壽險保障足以協助家人度過難關（還清房貸、扶養兒女長大）。
2. 確認自己需要新的保險：
    如手邊沒有年金險、醫療險、長期照顧險，或者目前的理財規劃不足以支應老化後的生活需求，包括醫療、長期照顧。
3. 確認保單轉換條件，優於買新險、部分解約、保單貸款。

圖 1-20 保單活化政策

01 特色

一種選擇權
從自身需求面及效益面考量
利用原保單價值準備金計算
從他益型轉為自益型
屬於功能性轉換

02 注意事項

需補繳或退還差額
轉換後利率變低，成本提高
透過解約並扣除稅額後，可能更划算
轉換後，可能領到的保險金低於轉換前

03 適用狀況

確認自己有多餘壽險保障
確認自己需要新的保險
確認轉換條件優於買新險、部分解約、保單貸款

# 1-8 人身保險與租稅規劃

　　人身保險是社會安全制度重要的第一環，以彌補社會福利及社會保險制度的不足，對人民的風險管理與生活保障有極大的安定作用，因此，政府訂定各種稅法上的優惠以鼓勵人身保險的發展，茲將各種優惠簡介如下：

一、所得稅法令上的優惠

（一）保險費方面

1. 綜合所得稅保險費

　　納稅義務人本人、配偶及直系親屬的人身保險費，可從個人所得稅中扣除，但每人每年扣除額以不超過新台幣 24,000 元為限，全民健康保險之保險費則不受金額之限制（《所得稅法》第 17 條）。上述得以列舉扣除方式申報從綜合所得總額中扣除，減輕納稅義務人之所得稅負擔。

2. 營利事業所得稅與保險費

　　政府鼓勵企業為員工投保團體保險，於《營利事業所稅查核準則》第 83 條規定，勞工保險及向人壽保險公司投保團體保險之保險費，其由營利事業負擔部分，以該營利事業或被保險人員工及其家屬為受益人者准予認定。營利事業為其員工所支付之團體壽險保險費，每人每月保險費新台幣 2,000 元以內部分，免視為被保險人之薪資所得，准予列為費用處理。

（二）保險給付方面

　　依《所得稅法》第 4 條第 7 款規定：「人身保險、勞工保險及軍公教保險之保險給付，免納所得稅。」凡屬人身保險之給付，不論其項目名稱，依《所得稅法》第 4 條第 7 款都應免納所得稅。而人

壽保險之紅利及傷害險團體保單之經驗分紅退費給付，均屬於人身保險之保險給付範圍，亦可適用上項規定。另依《所得基本稅額條例》第 12 條規定：「個人之基本所得額，為依《所得稅法》規定之綜合所得稅淨額，加計下列各款後之合計數；本條例施行後所訂立之受益人與要保人非屬同一人之人壽保險及年金保險，受益人受領之保險給付。但死亡給付每一申報戶全年合計數在新台幣 3,000 萬元（財政部於 108 年 12 月 19 日公告依物價指數將該金額調整為 3,300 萬元）以下部分，免計入。」

1. 滿期保險給付

　　滿期保險給付係指壽險公司於被保險人屆滿契約規定年限而仍生存時，依照契約規定所給付之保險金而言。因屬儲蓄性質，其中含有利息所得成分，依前述稅法之規定，滿期受益人亦享有免納該利息所得稅之優惠。但《所基稅條例》施行後，所訂立受益人與要保人非屬同一人之人壽保險及年金保險，受益人受領之保險給付仍應依該條例第 12 條之規定計課基本所得稅。

2. 醫療給付及失能保險給付

　　此項保險給付，不論要保險與被保險人是否為同一人，亦不論其給付多寡，依上述法令規定都免納所得稅。

3. 死亡保險給付

　　要保人不論是為自己或他人的利益而訂立之壽險契約，亦不論要保險與被保險人是否為同一人，被保險人在規定年限內，因自發病症或遭受外來事故死亡，除不保事項原因或違反告知義務的情形而遭解除外，死亡保險金之受益人可向保險公司申請該項死亡保險金，並依上述規定免納所得稅，但死亡給付每一申報戶全年合計數在新台幣 3,300 萬元以上部分，仍應依《所基稅條例》第 12 條之規定併入計課個人基本所得稅。

圖 1-21　各種保險稅法上的優惠

01 《所得稅法》

- 保險費
- 保險給付

03 保險契約實質課稅原則

- 高齡投保
- 鉅額投保
- 密集投保
- 短期投保
- 重（帶）病投保
- 薑繳投保
- 舉債投保
- 保額／保險給付少於或等於所繳保險

02 《遺產及贈與稅法》

- 法令上的優惠
- 遺產稅計算方式
- 無受益人或受益人已死亡之保險金繼承問題
- 保險費與贈與稅
- 一般人身保險給付不屬於贈與稅之課徵標的

二、遺產稅法上的優惠

（一）法令上的優惠

政府為了鼓勵國民投保人身保險，而在《遺產及贈與稅法》上對於人壽保險給付的死亡保險金提供免稅的規定。《遺贈稅法》第 16 條第 9 款規定：「約定於被繼承人死亡時，給付其所指定繼承人為受益人之人壽保險金額，軍、公教人員、勞工或農民保險之保險金額及互助金。」均不計入遺產總額計稅。因此，被繼承人生前投保壽險且約定有身故保險金之受益人，於被繼承人死亡時，該繼承人所領取

之保險金免納遺產稅。

（二）遺產稅計算方式

《遺贈稅法》第一章第 1 條規定：「凡經常居住中華民國境內之中華民國國民死亡時遺有財產者，應就其在中華民國境內境外全部遺產，依本法規定，課徵遺產稅。經常居住中華民國境外之中華民國國民，及非中華民國國民，死亡時在中華民國境內遺有財產者，應就其在中華民國境內之遺產，依本法規定，課徵遺產稅。」

關於遺產稅課稅計算如下：

應納稅額等於課稅遺產淨額乘以級距稅率減去累進差額後之餘額。所謂課稅遺產淨額，係指被繼承人遺留的遺產總額減去各項法定扣除額及免稅額後之餘額。

表 1-13　遺產稅級距稅率表

遺產淨額	稅率	累進差額
5,000 萬以下	10%	0
超過 5,000 萬元～ 1 億元	15%	250 萬元
超過 1 億元	20%	750 萬元

（三）無受益人或受益人已死之保險金繼承問題

依《保險法》第 113 條規定：「死亡保險契約未指定受益人者，其保險金額作為被保險人遺產。」因此，被保險人在購買死亡壽險保單時，若漏列受益人，或僅指定單一受益人且受益人已身故，則其繼承人所繼承的保險金額須計課遺產稅。

另若保險契約未指定受益人時，保險金作為被保險人的遺產，其繼承可分為兩種情況：

1. 被保險人立有遺囑時，就依照被保險人的遺囑分配之。
2. 被保險人未立有遺囑時，被保險人的遺族可依《民法》第 1138 條

規定繼承此項保險金，除夫妻可以互相繼承遺產外，其餘順序為：直系血親卑親屬，父母，兄弟姊妹，祖父母。

三、贈與稅之相關法令

根據《民法》規定，贈與是一種契約行為，即當事人之一方，以自己的財產無償給予他方，並為他方接受。《遺贈稅法》第 22 條規定：「贈與稅納稅義務人，每年得自贈與總額中減除免稅額二百二十萬元。」

（一）保險費與贈與稅

要保人（如父母）為被保險人（如子女）繳納之保險費，不是贈與行為，而是要保人當年度所得依《所得稅法》規定列舉式扣除，但父母非以要保人身分所繳交之被保險子女的保險費，視為以贈與人身保險將保險費贈與被保險人（子女），自當受到贈與稅 220 萬元免稅額之約束，一年內合計超過 220 萬元以上者，則須依法申報贈與稅。

（二）一般人身保險給付不屬於贈與稅之課徵標的

但如要保人（父母）與受益人（子女）為不同人時，則該保險單的生存保險金或滿期保險金，這些給付將被視為給付年度贈與稅之稽徵範圍，依下表之稅率計算，向贈與人課徵贈與稅。

表1-14　贈與稅級距稅率表

贈與淨額	稅率	累進差額
2,500 萬以下	10%	0
超過 2,500 萬元～5,000 萬	15%	125 萬元
超過 5,000 萬元	20%	375 萬元

註：贈與淨額＝贈與總額－免稅額－各項法定扣除額。

四、保險契約實質課稅原則

　　當要保人及被保險人為同一人時，給付給指定受益人的人壽保險金免計入遺產總額，前提是不可違反實質課稅原則，所謂「實質課稅原則」，是指國稅局可不受納稅義務人表面的法律關係所限制，直接依背後的實質經濟情況作為課稅標準。因此是否適用實質課稅原則，完全要看投保動機，立法的意旨是分散風險、填補損失、保障遺族生活。民眾投保時，難免會在稅法規定之下，達到某些節稅及資產移轉目的，但此非立法原意，進行保單規劃時宜須留意稅務機關實質課稅原則，依財政部 109 年函將實質課稅認定原則分為如下所列八種特徵：

　　（一）高齡投保。
　　（二）鉅額投保。
　　（三）密集投保。
　　（四）短期投保。
　　（五）重（帶）病投保。
　　（六）躉繳投保。
　　（七）舉債投保。
　　（八）保額／保險給付（含利息）少於或等於所繳保險。

表 1-15　實質課稅特徵

八大特徵	觀察說明
高齡投保	投保時已屬高齡,與「保障並避免家人失去經濟來源、生活陷於困境」之保險目的不符。一般稽徵實務會參考國人男女平均壽命年齡,同時考量被繼承人投保當時之健康狀況來判定;以財政部 109 年函案例觀察,超過 70 歲投保即屬高齡。
鉅額投保	投保「保額」相較一般常情高或占總遺產價值比例較高。(視被繼承人的遺產狀況而定。)
密集投保	死亡前短期內投保多張保單,尤其留意死亡前兩、三年內投保。
短期投保	被保險人在投保後短期內即身故。以財政部 109 年函案例觀察,投保後五年內死亡可能會被認定為短期投保。
重(帶)病投保	已知罹患重大疾病才投保,投保動機令人懷疑。
躉繳投保	一次性繳納保險費,刻意降低遺產總額以逃避遺產稅。
舉債投保	貸款以投保人壽保單,使現金轉為日後保險給付的免稅遺產,容易被認定為規避行為。
保額/保險給付(含利息)少於或等於所繳保險	已繳保費高於或等於保險金額,與保險的精神是「以較少的保費獲得較大的保障」不符;保險公司給付之保險金相當於已繳保費加計利息金額,可能會被認定非屬保險。

參考文獻

余祖慰，2021，銀髮保險理財樂活規劃，台北：新學林出版股份有限公司。

呂慧芬、梁百霖、劉慶庭，2011，風險管理概要，財團法人險事業發展中心。

財團法人險事業發展中心，2017，投資型保險商品業務員訓練教材，106 年修訂版。

梁亦鴻，2022，3 天搞懂保險規劃：精打細算、轉移風險，迎接美滿無憂的人生，台北：寶鼎出版社。

許文彥，2021，人身與健康保險，台北：新陸書局。

陳彩稚，2020，人身保險：人壽保險、年金與健康保險，二版，台中：滄海圖書。

陳森松、何佳玲、曾鹿鳴，2022，人身風險管理與保險，台北：華泰文化。

廖述源，2016，保險學理論與實務，台北：新陸書局。

劉麗娟，2015，許自己一個晚美人生：高齡社會的風險類型與因應方式，人事月刊，358，30-39。

鄭鎮樑，2021，保險學原理，台北：五南圖書。

Chapter **2**

人壽保險公司的運作與經營

依照我國《保險法》第 13 條之規定：「保險分為財產保險及人身保險。人身保險，包括人壽保險、健康保險、傷害保險及年金保險。」就實務而言，國內人身保險業（簡稱壽險業或壽險公司）所經營之業務皆包含人壽保險、健康保險、傷害保險及年金保險，其中以人壽保險業務為最大宗。就消費者而言，投保保險商品時，了解保險市場經營指標、壽險公司的利潤來源、紅利分配的選擇、不喪失價值選擇、保險給付的選擇、壽險公司的組織與運作、壽險公司所面臨的各種風險、如何選擇一家良質公司，以及當面臨自身權益受損時（例如理賠糾紛），如何經由申訴管道來獲得經濟性補償，尤其重要。

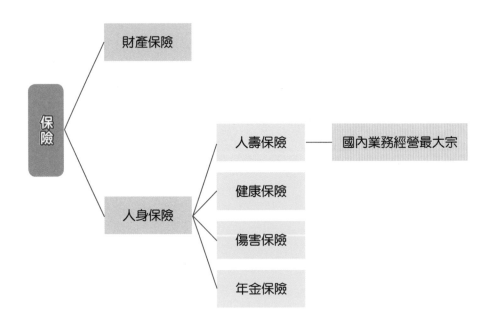

2-1 保險市場衡量指標

保險市場是指一群對於保險有需求的保險消費者，即「買方」，與另一群提供保險商品的保險人，即「賣方」，為彼此利益所共同構成。然而，一個國家保險市場是否有發展之潛力，有其衡量指標。基本上較常見的保險衡量指標有保險密度、保險滲透度、投保率及普及率等四種指標，茲依序作一概述。

一、保險密度 (Insurance density)

意義：一個國家或地區保險之普及度，其衡量標準為一個國家或地區平均每人每年保費支出。用以衡量該國家或地區人民對保險購買力的重要指標。

一般而言，平均每一國民支出保險費越高時，代表保險業在該國越得到國民信任，顯示保險事業發展已臻成熟階段；反之，當平均每一國民支出保險費偏低時，代表該國保險事業尚未普遍得到國民認同感。

指標公式：

保險密度＝總保險費／總人口數

二、保險滲透度 (Insurance penetration)

亦稱為保險深度，係指一個國家或地區在一特定年度保費收入與國內生產總額 (GDP) 之比率。主要在衡量該國家或地區保險業對該國經濟發展的重要性。

指標公式：

保險滲透度＝總保險費收入／國內生產毛額 ×100%

三、投保率 (Ratio of having insurance coverage)

　　人壽保險及年金保險有效契約件數與總人口數之比率。顯示平均每位國民持有有效保單的件數。用以說明一個國家或地區保險市場的發展程度。

　　指標公式：

　　投保率＝保險契約有效件數／總人口數

　　其中：保險契約有效件數＝保險契約簽單件數－保險契約解約退保件數

　　總人口數＝（年初人口數＋年末人口數）／2

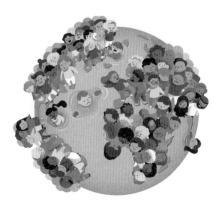

四、普及率 (Ratio of prevalence)

　　人壽保險及年金保險有效契約保額對國民所得之比率。代表該國人民由保險所獲得的經濟保障，主要在表示每百元國民所得中相對於保險所提供的保障。換言之，當保險契約之有效保額增加時，代表相對保障程度隨之提高，保險普及率亦因之上揚，該國保險業亦呈現蓬勃發展。

　　指標公式：

　　普及率＝保險契約有效件數／國民所得 ×100%

　　上列中保險密度、保險滲透度為保險業對經濟發展貢獻之衡量指標。其中，人壽保險業四種均適用，產險業通常則適用保險密度和保險滲透度。

圖 2-1 　保險衡量指標

01 保險密度

- 保險密度＝總保險費／總人口數

02 保險滲透度

- 保險滲透度＝總保險費收入／國內生產毛額 ×100%

03 投保率

- 投保率＝保險契約有效件數／總人口數
- 保險契約有效件數＝保險契約簽單件數－保險契約解約退保件數
- 總人口數＝（年初人口數＋年末人口數）／2

04 普及率

- 普及率＝保險契約有效件數／國民所得 ×100%

2-2 人壽保險業之組織結構與運作

一、人壽保險業的內部組織與運作

　　一般而言，人壽保險業的內部組織大多以管理學上所謂功能別 (Function) 劃分部門，各地分支機構除了功能別劃分之外，亦有以地理區域別 (Region) 作為劃分的基礎。例如北區部、中區部、南區部等。參考「2023 年國泰人壽的公司組織圖」，即可得知壽險公司由哪些部門組成。茲將壽險公司常見幾個較為重要的部門簡單分述如下：

（一）業務部：掌理營業單位業務、外勤
　　　人事、組織之指導、管理、企劃、
　　　外務薪津核發及金控整合行銷之規
　　　劃推動等事項。

（二）契約部：又稱審查部或核保部。掌
　　　理新契約核保政策／規範訂定，以
　　　及新契約行政、系統作業流程規劃
　　　與品質管控。

（三）理賠部：掌理有關保險契約理賠、調查及犯罪防制業務之規
　　　劃、督導及管理。

（四）保單行政部：又稱保戶服務部或稱客戶服務部、保全部。各項
　　　商品之保全業務、收費管理與保戶諮詢服務等業務。

（五）精算部：掌理公司準備金計提、保單分紅公司資本管理、資產
　　　負債管理、精算相關系統建置、再保險業務與相關國際制度研
　　　究開發，及統計經驗分析等事宜。

（六）人力資源部：綜理內勤員工之人資政策與制度規劃，落實職涯
　　　發展、招募、職涯發展、績效管理、薪酬福利、員工溝通；整

合人力資源相關系統及數據，並協助各單位進行策略性組織規劃與人才管理。

（七）投資部：投資相關部門之督導管理；負責股票、國內外固定收益、基金、外匯、衍生性商品、專案運用、公共與社會福利事業投資及抵押放款等相關業務；國內外多元商品資產之投資組合規劃、投資研究分析、交易執行及投資管理。

（八）資訊部：負責規劃、監控及執行資訊安全管理作業。

（九）法務室：法務室負責處理公司面臨的法律事務，主要包括：法律相關事項諮詢、有爭議的訴訟、代理開庭、確認各種契約和企業行為的適法性與正確性，及保單條款審閱。

（十）法令遵循部：訂定法令遵循制度及各年度法令遵循計畫、督導各單位辦理法令遵循自行評估、法令規章變動管理、辦理及督導各單位防制洗錢及打擊資助恐怖組織、活動及分子（簡稱資恐）作業、教育訓練與業務宣導、辦理各級業務員履約評量委員會相關行政事務、辦理業務人員作業品質檢視。

（十一）風險管理部：掌理企業風險管理、作業風險管理等整合性風險管理、財務風險管理、投資核心系統管理，與投資行政管理規劃等事宜。

二、人壽保險業的外部組織與運作

壽險業務經營最主要在於有業務來源，業務招攬特別是壽險公司之首要重點工作。一般而言，壽險業通常透過公司

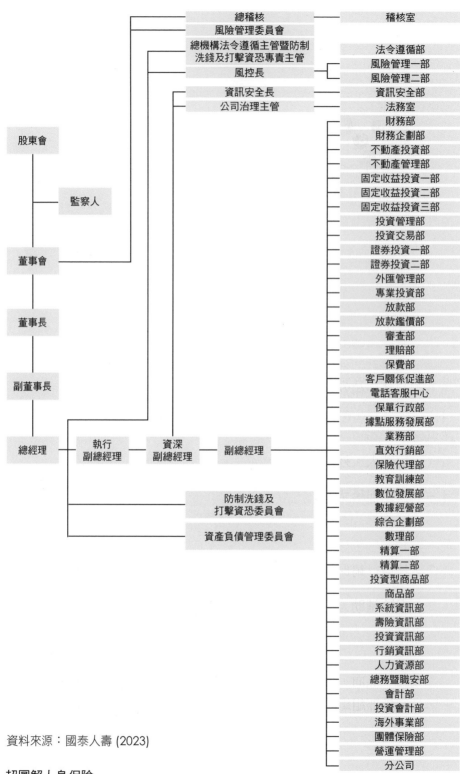

資料來源：國泰人壽 (2023)

圖 2-2　壽險業的外部組織

01 外勤單位

1. 區部
2. 通訊處

02 保險輔助人

1. 保險經紀人
2. 保險代理人
3. 保險公證人

轄下的業務員及公司內勤職員、保險經紀人與保險代理人獲得業務。除了壽險公司內勤職員其招攬保險僅是額外兼職外,其餘大多是專職業務招攬人員,這些壽險業的外部組織大多隸屬壽險公司之外勤單位或保險輔助人。茲分別介紹如下:

(一)人壽保險業的外勤單位

　　就台灣壽險業而言,主要業務來源是壽險公司外勤單位的業務員。外勤單位包括區部、通訊處。招攬方式是壽險公司僱用其專任或兼任業務員行銷保險。

(二)保險輔助人

　　保險輔助人顧名思義是輔佐保險業務推展之人,包括保險經紀人、保險代理人與輔助保險業務運作之保險公證人。雖然非在保險公司組織內,然而,因與保險公司在業務往來甚為密切,應可將其視為保險公司外部組織之一環。分述如下:

1. 保險經紀人 (Insurance brokers)

　　根據我國《保險法》第 9 條規定，所稱保險經紀人，係指「基於被保險人之利益，洽訂保險契約或提供相關服務，而收取佣金或報酬之人。」又依《保險經紀人管理規則》第 4 條規定，經紀人分為財產經紀人及人身經紀人。

　　本條文內容解釋如下：

(1) 保險經紀人乃代向要保人或被保險人向保險人洽訂保險契約。換言之，經紀人乃是基於要保人或被保險人之利益，安排一份最適當的保險計畫，且盡善良管理人之責，引導要保人或被保險人與保險人訂定保險契約，故經紀人是洽訂而非代訂保險契約。

(2) 「提供相關服務」是指風險規劃，例如人身風險規劃、財產風險規劃、責任風險規劃、損害防阻規劃、其他與保險或風險規劃相關諮詢與服務；再保險規劃，例如再保險規劃與諮詢；保險理賠申請服務，例如協助保險理賠申請事宜。

(3) 保險經紀人以其專業知識為要保人或被保險人安排保險，其應有的酬勞仍向承保的保險人收取，稱之為佣金；若被保險人遭受損失，而要求保險經紀人代為向保險人求償或提供相關服務，例如協助被保險人辨識風險、針對保險的需求分析、協助處理理賠事宜等，在經紀人已事先告知且收費公平合理之狀況下，應支付給經紀人之酬勞，則稱為報酬，由被保險人自負之。目前，實務上，雖然保險經紀人也可以藉由向保戶提供服務以收取報酬，但除了提供理賠售後服務外，其餘有收取報酬的服務在我國保險市場並不普遍。

2. 保險代理人 (Insurance agency)

　　根據我國《保險法》第 8 條規定，所稱保險代理人，係指

「根據代理契約或授權書，向保險人收取費用，並代理經營業務之人。」又依《保險代理人管理規則》第 4 條規定，代理人分財產代理人及人身代理人。代理人依其代理保險家數分為專屬代理人 (Exclusive agent) 及獨立代理人 (Independent agent)，或稱為普通代理人 (General agent)；專屬代理人以代理特定一家保險業為限，獨立代理人得代理許多家以上之保險業。

值得一提的是，實務上將保險經紀人及保險代理人泛稱為經代人。

3. 保險公證人 (Surveyor ; Adjuster)

根據我國《保險法》第 10 條規定，所稱公證人，係指「向保險人或被保險人收取費用，為其辦理保險標的之查勘、鑑定及估價與賠款之理算、洽商，而予證明之人。」又依《保險公證人管理規則》第 4 條規定，公證人分一般公證人及海事公證人。一般公證人，指向保險人或被保險人收取費用，為其辦理海上保險以外保險標的之查勘、鑑定及估價與賠款之理算、洽商，而予證明之人。海事公證人，指向保險人或被保險人收取費用，為其辦理海上保險標的之查勘、鑑定及估價與賠款之理算、洽商，而予證明之人。

壽險業外部組織其運作方式，大致可分為壽險公司行銷通路及其他創新通路；行銷通路又稱為配銷通路 (Channel of distribution)，係指生產者將商品或服務移轉給一般消費者或企業用戶的過程，所有參與者（或組織）所組成的一個體系。就一般傳統產業而言，這些參與者包括零售商、批發商及代理商等中間商，以及實際運送產品之物流業者。然而，壽險業與其他產業最大不同的地方，在於所行銷之壽險商品是一種無形商品，與其他實體商品不同，看不到、摸不著是壽險商品特性，待事故發生時，才感受得到它的存在。因此，其行銷通路之運作與其他產業通路是有很大不同之處。

三、壽險公司行銷通路

就實務角度而言大致上可分為以下四種：

（一）直接行銷通路

壽險公司直接行銷通路的類型大致可分為：公司之業務員、電話行銷、直接郵購 (DM) 行銷、職團行銷、店面行銷及網路行銷。

直接行銷通路的優點如下：

1. 對於業務員的教育與管理較為一致性。
2. 能確保壽險業務的來源穩定性，較能貫徹公司政策。
3. 有效掌控公司聲譽與品牌價值。
4. 法規遵循較確實。

其缺點如下：

1. 公司在教育訓練、佣金及相關費用支出成本較高。
2. 未透過中介機構的情況下，壽險公司在通路的涵蓋率及市場占有率勢必會受到影響，其保險費較難以大幅成長。

1. 公司之業務員

國內壽險公司大部分皆有其直屬業務員（實務上稱為直營部隊）。直屬壽險公司之業務員可對於企業或個別消費者行銷業務，對於開拓組織型顧客與行銷較複雜保險商品，有其難以取代之處。

2. 電話行銷 (Telemarketing)

電話行銷被認為出現於 20 世紀 80 年代的美國。隨著顧客資料庫與相關分析、萃取技術之進步，以及電話、傳真等通信手段的普及，很多企業開始嘗試這種新型的市場手法。電話行銷絕不等於隨機地打出大量電話，靠碰運氣去推銷出幾樣產品。目前電話行銷已經成為壽險業一項低成本、高效益之通路。尤其是市場規模較小的壽險公司，電話行銷往往為其主要行銷通路之一。根據 2021 年 1 月 26 日《保險業保險代理人公司保險經紀人公司辦理電話行銷

圖 2-3　壽險公司行銷通路

直接行銷通路
- 公司之業務員
- 電話行銷
- 直接郵購行銷
- 職團行銷
- 店面行銷
- 網路行銷

間接行銷通路
- 保險經紀人與保險代理人
- 其他金融機構
- 外包

混合通路
- 壽險公司宜採行市場區隔經營
- 特定險種商品只交由保險經紀人公司、保險代理人公司或銀行銷售

其他創新通路
- 保險業與金融科技異業合作 6 項附屬性保險商品

圖 2-4　壽險公司行銷通路

1. 由行銷人員從事招攬保險 2. 經要保人同意於電話線上成立保險契約	1. 由行銷人員從事招攬保險 2. 確認要保人投保意願並經保險業同意承保後成立保險契約	1. 由行銷人員從事招攬保險 2. 經要保人及被保險人於要保書簽名，並經保險業同意承保後成立保險契約

業務應注意事項》規定：電話行銷業務（以下簡稱本項業務），係指下列方式之一：

(1) 保險業或保險代理人公司透過電話行銷中心由電話行銷人員從事招攬保險，並經要保人同意於電話線上成立保險契約。

(2) 保險業、保險代理人公司或保險經紀人公司透過電話行銷中心由電話行銷人員從事招攬保險，確認要保人投保意願並經保險業同意承保後成立保險契約。

(3) 保險業、保險代理人公司或保險經紀人公司透過電話行銷中心由電話行銷人員從事招攬保險，經要保人及被保險人於要保書簽名，並經保險業同意承保後成立保險契約。

保險業、保險代理人公司及保險經紀人公司辦理本項業務應設置電話行銷中心。

保險業、保險代理人公司及保險經紀人公司，應要求電話行銷人員於招攬時明確告知要保人，保險契約經保險業同意承保後始成立。保險業不同意承保時，應以電話、書面或經要保人同意可採簡訊、電子郵件等方式通知要保人。

3. 直接郵購 (DM) 行銷

　　DM (Direct Mail or Direct Media) 行銷又稱為直接信函行銷，係指以直接郵寄信函的方式引起潛在顧客之興趣，藉此建立行銷名單，並鼓勵他們進一步詢問，甚至投保保險商品與服務。一般而言，除了簡易的保險商品（例如：旅行平安險、意外險）之外，大部分保險商品其條款較為複雜且不易了解，業務員在行銷保險商品給顧客時，大多會提供書面資料給顧客參考，因此 DM 有其存在必要性。DM 行銷成功的重要關鍵因素是首先要有顧客資料。其次，內容設計以簡單易懂、能吸引顧客注意為原則。最後，後續追蹤與品質控管也是行銷 DM 成功之關鍵。目前大部分壽險公司直接提供 DM 放在銀行、信用合作社、證券公司及農會等通路櫃檯，實質效果有限，若是經由櫃檯人員主動與顧客介紹，才能引起進一步興趣。

4. 職團行銷 (Worksite Marketing, WM)

　　一般而言，職團行銷係指保險公司負責該業務之從業人員，經企業主同意，由職工福利委員之推介，在工作職場上進行保險商品之說明與行銷。在一般情況下並及於職場員工之家屬，然而，企業主對於該保險商品安排是否須負擔部分之保險費用在所不論，至於是否投保保險之決定權在於員工本人。

　　值得一提的是，職團行銷與團體保險 (Group insurance) 之不同處，在於前者大多以企業員工自費投保為主，其員工有投保選擇權；後者強調企業主負擔全部或部分保險費為其員工投保保險。

5. 店面行銷（含機場櫃檯）

　　目前部分壽險公司有在機場櫃檯提供旅客旅行平安險投保業務，是店面行銷的一種成功行銷通路方式之經營。

6. 網路行銷

　　對壽險公司而言，網路行銷是時代的趨勢，隨著資訊科技的發達，幾乎每個人都有行動裝置，這個現象改變了民眾投保習慣，

從實體通路快速地走向虛擬通路。尤其是在新冠肺炎 (COVID-19) 期間，為了避免人與人之間的接觸傳染，壽險業的行銷模式也因為疫情的關係，間接影響了消費者投保保險的行為模式，使得網路保險成為未來的發展趨勢。但在運用上仍有一些層面之問題待解決，其中最重要的是線上核保技術。根據 2023 年 10 月 4 日《保險業辦理電子商務應注意事項》，保險業得辦理網路投保之人身保險商品種類如下：

(1) 旅行平安保險及其附加之實支實付型醫療保險。

(2) 傷害保險及其附加之實支實付型傷害醫療保險。

(3) 定期人壽保險。

(4) 實支實付型健康保險。

(5) 傳統型年金保險。

(6) 利率變動型年金保險。

(7) 保險年期不超過二十年及歲滿期不超過 75 歲之生死合險。

(8) 小額終老保險。

(9) 微型保險。

(10) 長期照顧保險。

(11) 實物給付型保險。

(12) 健康管理保險。

(13) 投資型年金保險。

(14) 於經主管機關指定平台入口銷售之重大疾病健康保險。

(15) 日額型住院醫療健康保險。

同時，應符合下列要件：

(1) 要保人與被保險人以同一人為限（以自然人憑證註冊，或要保人為其 7 歲以下未成年子女投保旅行平安保險者，不在此限）。

(2) 具行為能力。

(3) 身故受益人以直系血親、配偶或法定繼承人為限。

然而，由於網路投保，缺少業務員當面解說商品。因此，保險公司所銷售的商品，實務上大多是以標準化或是單純的保險商品為主，例如壽險業所推出的旅行平安險，及其附加的實支實付型傷害醫療險，及附加的海外突發疾病醫療險、實支實付健康保險、一般意外險等。

（二）間接行銷通路

　　壽險公司間接行銷通路的主要類型大致可分為：保險經紀人與保險代理人、其他金融機構及外包。

　　間接行銷通路之優點如下：

1. 保險業者可以集中在其他核心競爭能力，例如保險商品創新、提升服務品質及售後服務。
2. 不須承擔新設通路的營運、教育訓練及管銷成本。
3. 可以迅速提升市場占有率，降低公司成本。
4. 透過品牌優勢的中介機構行銷保險商品，可提高公司聲望。
5. 所需成本不高，即可與新通路合作。

　　間接行銷通路之缺點如下：

1. 可能產生對於中介機構過度依賴。
2. 較無法對於中介機構有效行政管理。
3. 對於商品較無品牌忠誠度。換言之，中介機構往往會隨保險公司聲譽或給予佣金費用多寡，而移轉雙方合作並中止合作機會。
4. 中介機構可能違反法律規定，影響保戶權益。

1. 保險經紀人與保險代理人

　　保險公司和保險經紀人與保險代理人通路合作，保險公司不必投入大量經營成本，便可廣布據點，迅速擴展市場規模。從《保險法》第 8 條而言，保險代理人是某家保險業者之「代理」，所以立場應該以公司之利益為先；相反地，從《保險法》第 9 條來看，

保險經紀人則代表顧客洽詢多家保險機構，提供最適合的保險商品給顧客，因此，應以顧客的利益為優先。

採取保險經紀人與保險代理制度之優點包括：

(1) 通路經營效益高：在短時間內，可廣布據點，迅速擴大市場規模。

(2) 通路經營成本低：大部分的基礎建設成本（例如：教育訓練與內部管理），都由經紀人與代理人自行承擔。

(3) 替換效率高：一旦經紀人與代理人之業績不佳或違反法規規範，保險公司可以透過終止契約予以不續約。

此一制度之缺點包括：

(1) 由於經紀人與代理人不是公司員工，所以要協調符合保險公司政策規範（例如：維持行銷服務品質），往往有所困難。

(2) 利益衝突有時會影響雙方合作關係：經紀人與代理人喜歡行銷的是佣金較高的保險商品，而非符合公司政策或實際符合顧客需求的商品。

(3) 既然經紀人與代理人並非公司員工，他們可能從事不符合公司目標的行銷活動，或是違反法律規定（例如：銷售境外保險商品）的事情。

2. 其他金融機構

由於法令鬆綁，目前實務上除了保險公司、保險經紀人公司及保險代理人公司行銷保險商品之外，其他如銀行、信用合作社、證券公司、中華郵政公司皆有行銷保險商品，甚至農會也有行銷保險商品。

在金融機構中，銀行保險是目前間接行銷通路中成效非常顯著成功的一個案例。法文 Bancassurance 一字，係銀行 (Banque/Bank) 與保險 (Assurance/Insurance) 的複合字，是指透過銀行通路行銷保險商品。值得一提的是，銀行行銷保險商品乃是將保險

商品納入其金融商品的一環，其目的是提供給顧客一次購足 (One stop shopping) 的需求。銀行行銷保險與其他通路有很大的不同。

其優勢包括：

(1) 形象佳：一般民眾對於銀行的信任度與忠誠度高，而且對於銀行行員的形象也較保險行銷人員佳。

(2) 據點分布廣：銀行各地分行遍布各鄉鎮，能提供顧客及時洽詢與投保。

(3) 顧客資料優勢：銀行擁有顧客的存、放款與其他資金運用的資料，能適時提供給顧客風險管理與理財的保險規劃（例如：投資型保險、利率變動型年金保險、養老保險等）。

3. 外包 (Outsourcing)

企業為維持組織的核心競爭能力或面對人力不足的情況，可能會將非核心業務委派給其他的專業公司，藉此降低營運成本、提高品質、節省人力資源等，這個策略稱為「外包」。部分保險業者為了避免投入相關人員教育訓練與節省成本，採用外包的方式來行銷保險商品，例如：電話行銷及網路行銷（若是採用外包方式，則屬於間接行銷通路）。不過因為外包之電話行銷通常需要業者提供顧客資料庫或名單，所以資訊安全尤為重要，避免重要資源外洩，是業者必須注意之地方。

（三）混合通路

根據財團法人保險事業中心截至 2024 年 6 月止統計，國內壽險業共 21 家壽險公司，除了中華郵政人壽保險處，並無開放給其他通路銷售壽險商品之外，其他公司基於市場競爭導向，大部分採行直接與間接通路雙軌制。採行直接與間接通路雙軌制尤須注意通路衝突的問題，也就是說，容易產生同一險種商品，在不同通路銷售，佣金發放卻不相同。為了避免此一現象，壽險公司宜採行市場區隔經營，換

言之，即特定險種商品只交由保險經紀人公司、保險代理人公司或銀行來銷售。

（四）其他創新通路

　　除了傳統的銀行、信用合作社、證券業、農會也做跨業行銷保險業務之外，隨著金融科技的進步，結合網際網路、大數據資料與物聯網 (Internet of Things, Iot)，保險行銷通路的變革已有創新式的改變。例如目前保險業與金融科技的異業合作有六項「附屬性保險商品」：與銷售旅遊行程（如易遊網）的業者合作推出旅行平安險、與行動裝置製造業者合作推出行動裝置手機險、與電信業者合作推出旅行平安險與旅行不便險、登山險及海域活動險、與中華郵政公司合作推廣房貸業務住宅火險及地震險、與電動機車製造業者合作推廣「Usage Based Insurance (UBI)」車險、與糖尿病服務管理平台推廣糖尿病外溢保單。除了商品和服務的合作，未來還包括流程創新等不同面向的合作。

圖 2-5　創新通路附屬性保險商品

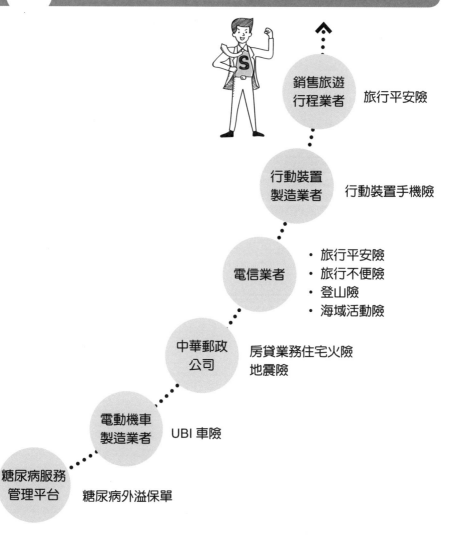

銷售旅遊
行程業者　旅行平安險

行動裝置
製造業者　行動裝置手機險

電信業者
・旅行平安險
・旅行不便險
・登山險
・海域活動險

中華郵政
公司　房貸業務住宅火險
地震險

電動機車
製造業者　UBI 車險

糖尿病服務
管理平台　糖尿病外溢保單

2-3 壽險公司的利源分析（死差、費差、利差）

三因素分紅法 (Three-factor contribution method)：首先由美國精算學會創始人法克勒氏 (Peter Fackler) 於 1863 年提出利源分紅法 (Contribution plan)，後由 Sheppard Homans 推廣。此法對於保單紅利計算，只考慮壽險保費的死差益 (Mortality gain)、利差益 (Interest gain) 及費差益 (Expense gain) 三個主要來源，而不考慮其他的利益來源，故稱三因素分紅法。換言之，壽險保費是基於預定死亡率、預定利率及預定營業費用率等基礎所加以計算。因此，公司若能隨時做到下列各項的經營與努力，則在每一年度末的決算通常都會有盈餘。產生盈餘原因有：

一、死差益

實際死亡人數比預定死亡人數少時，所產生之利益。反之，則稱為死差損。該項數額顯示公司的危險選擇核保之嚴謹程度。基本上，壽險業死差益之產生除外在環境因素外，主要係因核保嚴謹所造成，故稱死差益為核保收益。

二、利差益

在人壽保險方面又稱投資差益 (Interest surplus)。實際之運用收

益比預定利率之運用收益多時，所產生之利益。反之，則稱為利差損。該項數額顯示公司投資報酬之成果。基本上，資金運用收益與投資環境及投資期間息息相關，當投資環境佳且投資期間長，其所造成投資收益較為豐裕；反之，當投資環境差且投資期間短，其所造成投資收益較無績效。就壽險業而言，在保險實際投資過程中，尤須注意保險法令對於保險業資金運用之各項規定與限制。

三、費差益

實際所用之營業費用比預定營業費用率所計算之營業費用少時，所產生之利益。反之，則稱為費差損。該項餘額顯示公司費用節省、工作效率之程度。基本上，費差益在激烈保險競爭市場中不易出現，主要原因多半來自業務佣酬支付偏高所致。因此，唯有支付合理佣酬以及加強控管各項管銷費用，方能有助於費差益之產生。

由上可知「死差益」、「利差益」、「費差益」是壽險公司三大利源；反之，就是公司的三大損源。其也是一般用來衡量壽險公司績效之重要指標。

壽險業的三大利源計算公式説明如下：

・死差益（損）＝危險保險金額（或稱純危險金額）×（預定死亡率－實際經驗死亡率）

　（危險保險金額＝死亡保險金額－責任準備金）

・利差益（損）＝期初準備金 ×（平均報酬率－預定利率）

・費差益（損）＝預定附加費用－實際附加費用

圖 2-6　壽險公司產生盈餘的原因

1 死差益
實際死亡人數比預定死亡人數少時，所產生之利益

- 死差益（損）＝危險保險金額（純危險金額）×（預定死亡率－實際經驗死亡率）
- 危險保險金額＝死亡保險金額－責任準備金

2 利差益
實際之運用收益比預定利率之運用收益多時，所產生之利益

- 利差益（損）＝期初準備金 ×（平均報酬率－預定利率）

3 費差益
實際所用之營業費用比預定營業費用率所計算之營業費用少時，所產生之利益

- 費差益（損）＝預定附加費用－實際附加費用

2-4 人壽保險的保單選擇權

　　一般民眾投保保險之後，通常對於保險契約內容並不注意，事實上，壽險契約中通常都有提供被保險人多種選擇其權益的條款，稱為保單選擇權 (Policy options)，其中對被保險人權益影響較高的選擇權條款有三種：保單紅利分配選擇權 (Dividend options)、不喪失價值選擇權 (Non-forfeiture value) 及保險給付選擇權 (Settlement option)，臚列說明如下：

一、保單紅利分配選擇權

　　係指在壽險保單中有所謂分紅保單，即保險公司將每期營業所得的一部分，分配給被保險人。紅利分配的選擇權有下列方法可供被保險人選擇，如圖 2-7。

圖 2-7　保單紅利分配領取方式

保單紅利分配領取方式
- 現金給付
- 抵繳保費
- 儲存生息
- 購買增額繳清保險

（一）現金給付 (Cash dividend)

即保險公司於每保單週年日，主動以現金支付紅利予保戶。

（二）抵繳保費 (Premium credits)

即將保單紅利扣抵保戶應繳的保費。

（三）儲存生息 (Dividend accumulation)

即非每年領取紅利，而是選擇將保單紅利按年累積儲存在保險公司，等到要保人請求給付或契約滿期，被保險人身故、殘廢或保險契約終止時，才由保險公司一併給付。

（四）購買增額繳清保險 (Paid-up additions)

即是選擇將每年的保單紅利當作躉繳保費來購買繳清保險。由於每年的紅利都換算為繳清保額，將使原保單的保額會逐年累積而增加。

二、不喪失價值選擇權

人壽保險契約除了短期性之定期壽險外，要保人保險費繳足一定期間（通常為一年）後，保險單即產生現金價值 (Cash value)，此一現金價值屬於儲蓄性質，並不因保險契約更改繳費方式或提前解約而喪失，故稱為不喪失價值。

人壽保險契約對於不喪失價值，賦予要保人三種處理方式：

（一）領取解約金

要保人在保險期間內，因故中途提前終止保險契約時，保險人應返回保險契約規定之解約金。但解約金之數額通常必須先行扣除解約費用 (Surrender charge)，即保單價值準備金減去解約費用的剩餘為解約金 (Cash surrender value)。依照我國《保險法》119 條規

定：「要保人終止保險契約，而保險費已付足一年以上者，保險人應於接到通知後一個月內償付解約金；其金額不得少於要保人應得保單價值準備金之四分之三。」換言之，保險公司所扣除之解約費用必須低於保單價值準備金之四分之一。

（二）改為減額繳清保險

改換為減額繳清保險 (Reduced paid-up insurance)，其係指要保人在保險繳費期間，因故無法繼續繳交續期保險費，而選擇將原本之保險，以其保單價值準備金作為一次繳清之保險費，並更改為該繳清保險費所能購買之同類保險的保額，而使其保險效力仍能持續維持有效狀況至原有保險期間結束時終止。不過，值得注意的是，當要保人選擇改為減額繳清保險時，倘若有保單紅利、保單借款或欠繳、

圖 2-8　人壽保險契約對不喪失價值，賦予 3 種處理方式

改為展期保險

改為減額繳清保險

領取解約金

人壽保險契約對不喪失價值，賦予3種處理方式

墊繳保險費的情形，保險公司將以保單價值準備金加上應支付的保單紅利扣除欠繳保險費或借款本息，或墊繳保險費本息及營業費用後的淨額辦理。

（三）改為展期保險

展期保險 (Extended insurance) 係指要保人在保險繳費期間，因故選擇不再繼續繳交續期保險費，而選擇以其保單價值準備金扣除營業費用後的數額作為一次繳清之保險費，並維持原本保險之保額，但是縮短保險期間之同類保險之展期定期保險 (Extended-term insurance)。

三、保險給付選擇權

保險事故發生後，受益人依約跟保險人申請給付保險金，通常在人壽保險契約上，常見提供受益人選擇有下列方式給付保險金：

（一）一次領取全部現金 (Lump sum option)

此為最常見之保險金領取方式，當保險事故發生後，由保險人一次將全部保險金交付受益人。

（二）固定期間分期給付 (Fixed period option)

係將保險金以約定利率存放於保險公司，約定一特定期間內，分期給付保險金並加計保證利息給受益人。

（三）固定金額分期給付 (Fixed amount option)

係將保險金已約定利率存放於保險公司，分期以固定金額及保證利息支付給受益人，直到保險金及利息給付用盡為止。

（四）按期給付利息 (Interest option)

係將保險金以約定利率存放在保險公司，由保險公司按期支付利息給受益人，但受益人得隨時通知保險公司將本金及利息一次領清。

（五）終身年金給付 (Life income option)

　　受益人將保險金購買終身年金，並由保險公司依照年金保險契約之規定，按期給付一定金額給受益人，直到受益人死亡為止。若受益人為二人以上時，例如夫妻可以保險金購買連生及遺族年金 (Joint-and-survivor annuity)，保險公司按期支付一定金額直到最後一個受益人死亡為止。換言之，終身年金給付亦是一種分期償付方式，可以配合受益人長期經濟需要。

2-5 人壽保險公司的各種風險

　　風險 (Risk)，就壽險業之營運目標而言，係指具有負面影響之不確定性因素。因此，壽險業應該考量本身業務經營風險，集中管理與分散執行的策略，建立適當的風險管理機制與訂定風險管理政策，運用各種量化與質化技術來預期主要風險。根據我國《保險業資本適足性管理辦法》第 3 條規定：「本法所稱風險資本指依照保險業實際經營所承受之風險程度計算而得之資本總額。」其人身保險業所包含的風險項目如下說明：

一、資產風險 (Assets depreciation risk)

　　資產風險係指壽險業投資於關係人交易所持有之各項資產，可能因其資產價值變動而影響壽險業失卻清償能力之風險。

二、保險風險 (Insurance risk)

　　保險風險係指經營保險本業於收取保險費後，承擔被保險人移轉的風險，依約給付理賠款及相關費用時，因非預期之變化造成損失之風險。保險業對於保險風險中所涉及之商品設計及定價、核保、再保險、巨災、理賠及準備金相關風險等，應訂定適當之管理機制，並落實執行。

三、利率風險 (Interest rate risk)

　　利率風險是指壽險公司因利率變動因素，造成資產與負債價值變動不一致之風險。利率上升，壽險公司的資產和負債通常會下降，且會增加保單持有人退保和貸

款的機率；利率下降，壽險公司的資產和負債通常會上升，此時壽險公司的風險是負債增加速度高於資產。

四、其他風險

（一）信用風險 (Credit risk)

信用風險係指債務人信用遭降級或無法清償、交易對手無法或拒絕履行義務之風險。保險業應針對涉及信用風險之資產部位，訂定適當之信用風險管理機制，並落實執行。

（二）流動性風險 (Liquidity risk)

流動性風險是一種資金流動性的風險。可分為現金流動性風險與市場流動性風險。現金流動性風險 (Cash flow risk) 是指壽險公司持有之流動性資產，不足以應付到期契約的責任或突發的資金需求風險，例如非預期的鉅額理賠、資產貶值，或因市場利率大幅變化導致大量的退保或保單貸款等現象；市場流動性風險 (Market liquidity risk) 是指由於市場深度不足或失序導致交易無法完成，特別是對異常或緊急狀況導致之資金需求，應該擬定應變以處理重大流動性風險。

（三）作業風險 (Operation risk)

作業風險亦稱營運風險，係指因內部作業流程、人員及系統之不當或失誤，或因外部事件造成之直接或間接損失之風險。其內容包括法律風險，但不包括策略風險及信譽風險。例如詐欺、意外事故、天災及其他破壞性因素。作業風險可反映壽險公司內部控制的不足。

（四）精算風險 (Actuarial risk)

精算風險是指壽險公司保單設計或其他負債累積資金而產生之風險。例如壽險公司保費計算錯誤而導致累積後之解約金額高於保險金額。

（五）法律風險 (Legal risk)

法律風險是指法律或監理機關規定的執行或改變，可能導致壽險公司產生法律方面的風險。例如壽險公司違反保險法或監理機關的規定，導致罰款、處罰、賠償、和解或法律訴訟。值得注意的是，當被保險人因理賠爭議問題控告壽險公司而產生之訴訟，亦屬法律風險。

（六）系統風險 (Systematic risk)

系統風險是指與各種經濟因素相關資產及負債變動的風險，例如外匯風險、市場利率風險等。對於壽險業而言，系統性風險中最重要的是利率風險，當壽險公司將保戶所繳的保險費投資於股票、債券或抵押貸款等，股票、債券或抵押貸款與保險契約的到期期限及利率不盡相同，關係著壽險業資產和負債的未來現金流量，連帶影響到壽險公司的財務盈虧。

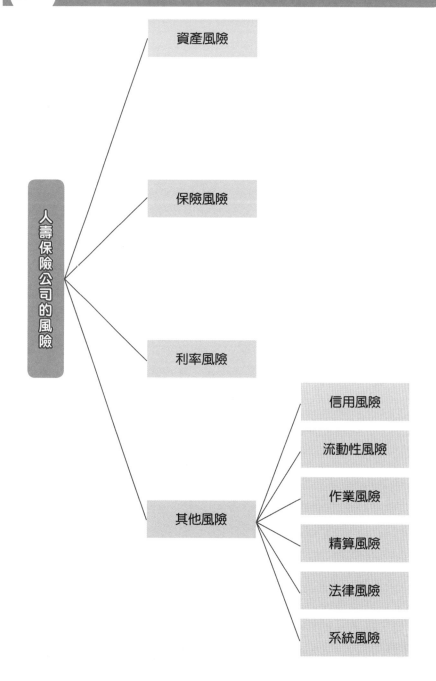

圖 2-9 人壽保險公司的風險

資產風險

保險風險

人壽保險公司的風險

利率風險

其他風險

信用風險

流動性風險

作業風險

精算風險

法律風險

系統風險

要如何選擇一家良質的保險公司，所須考量之重點如下說明：

一、保險公司之營運技術

（一）有優良之核保技術

　　一般而言，是否有優良的核保技術，可從保險公司的核保績效來思考：

1. 核保績效指標，係透過若干財務比率顯示核保之成就，就人壽保險而言，主要係指死亡率，它們的比率越低，表示績效越好。

2. 公司為了達成經營目標，而改變了核保作業規則與程序的標準。因此，忽略了核保的基本精神與程序，其原因乃保險業往往希望拓展業績增加市場占有率，因而對於特定承保範圍擴大、保險費定價標準放寬，進而導致技術性的失卻清償能力。

（二）有充分之準備金提存

　　凡企業的經營，存在各種風險。壽險業的經營，除業務經營方面須注意運用危險的選擇與分散方法外，如仍不能避免損失的發生，惟有賴財務經營方面提存各種準備金，以應付保戶可能解約所需的準備，及確保巨災損失發生時，公司未來的清償能力。

（三）有優良的內部管理

　　優良的內部管理關鍵在於公司內勤組織與外勤組織，彼此之間合作運作是否順暢。從管理角度而言，行政部門充分協助業務部門後勤支援；業務部門做好商品行銷及業務品質控管。

二、壽險公司之財務運作，包括了壽險公司之清償能力及支付債務的能力

清償能力 (Solvency) 之意義，係指保險公司的資產及保費收入能夠支付預期的賠款給付和費用，且能保障既有的負債和淨值。清償能力喪失的標準認定，就是保險公司的資產用來償付負債後的餘額低於最低的法定資本及盈餘。清償能力是保險公司償返未來所有債務之能力，也是現代保險監理之核心。

　　保險監理之目的在於維護一個有效、公正、安全和穩定的保險市場，進而維護保戶之權益。整體來說，保險公司失卻清償能力的原因，大致可分為：

（一）實際損失超過預期損失。

（二）準備金不足。

（三）費用支出不當。

（四）資產評估不當。

（五）投資運用不當。

（六）再保險安排不當或再保險人違約。

（七）公司管理不當。

　　金融監督管理委員會（簡稱金管會）參考美國保險監理官協會 (National Association of Insurance Commissioners, NAIC)，於 2003 年 7 月 9 日開始實施風險基礎資本 (Risk-based Capital, RBC) 制度，以強化保險公司之清償能力。所謂自有資本代表保險公司之清償能力，其內容包括普通股、資本公積、累積盈餘及特別準備金等。風險資本乃根據保險業所承受風險程度，計算而得之資本總額，例如人身保險業包含：資產風險、保險風險、利率風險及其他風險；財產保險業則包含：資產風險、信用風險、核保風險、資產負債配置風險及其他風險。所以自有資本與風險資本之比率求得資本適足率 (Capital Adequate Ratio, CAR)，可視為規定保險業資本適足性之基本準則，《保險法》並規定此比率不得低於 200%。換言之，RBC 代表一家保險公司其資本額對應承受風險的比例，當保險公司自有資本越多或是風險資本越少，RBC 越高，代表保險公司財務穩

表 2-1 **資本適足率層級與監理行動對照表** ●

監理等級劃分	保險業資本適足率	監理行動
資本適足	RBC：200% 以上或淨值比率：最近兩期至少一期達 3%。	無須採取任何監理行動。
資本不足者	RBC 達 150% 以上，但未達 200%，或近兩期淨值比率均未達 3%，且其中至少一期 > 2%。	1. 限期提出增資、其他財務或業務改善計畫。屆期上列計畫或未確實執行計畫者，採取資本顯著不足之監理措施。 2. 令停售或限制保險商品之開辦。 3. 限制資金運用範圍。 4. 限制其對負責人有酬勞、紅利、認股權憑證或其他類似性質之給付。 5. 其他必要之處置。
資本顯著不足者	RBC 達 50% 以上，但未達 150%，或近兩期淨值比率均未達 2%，且在 0 以上。	1. 資本不足之監理措施。 2. 解除負責人職務，並通知公司（合作社）登記主管機關廢止其負責人登記。 3. 停止期負責人於一定期間內執行職務。 4. 令取得或處分特定資產，應先經主管機關核准。 5. 令處分特定資產。 6. 限制或禁止與利害關係人之授信或其他交易。 7. 令其對負責人之報酬酌予降低，降低後之報酬不得超過該保險業資本等級列入資本顯著不足等級前 12 個月內，對該負責人支給平均報酬之 70%。 8. 限制增設或令限期裁撤分支機構或部門。 9. 其他必要之處置。
資本嚴重不足者	RBC 低於 50% 以下，或淨值低於 0。	前兩項層級之措施，主管機關並得依情節之輕重為監管、接管、勒令停業清理或命令解散之處分。

健，承受風險能力較高。然而，RBC 制度是一套清償能力監測的早期預警系統，雖然規範保險公司在永續經營的原則下須面對未來經營風險的最低資本額，但並不保證資本額足以清償其所負擔之債務。

因此，《保險法》第 143 條之 4 將保險業的資本適足率分為四個等級，資本適足率越高的公司，越能承受風險，並確保保戶權益不受損害，主管機關依不同層級比率執行不同等級的監理行動，如下所示：

第一級：資本適足。RBC 達 200% 以上，代表保險公司財務穩健，RBC 越高則越穩健。

第二級：資本不足。RBC 達 150% 以上，但未達 200%，代表保險公司財務出現警示燈號。

第三級：資本顯著不足。RBC 達 50% 以上，但未達 150%。

第四級：資本嚴重不足。RBC 低於 50% 以下。

三、壽險公司之服務

（一）保險商品須為顧客所需求

從行銷的角度而言，保險商品的設計須符合顧客的實際需求。進一步而言，壽險行銷工作者不僅要洞悉顧客「需求」外，而且還要有「能力」去滿足顧客需求。這些「需求」或「能力」包括：合適的保單、適當的保險費、推廣與通路。

（二）提供相關之損失控制服務，以降低被保險人之損失機會

保險之核心是「風險管理」，做好損失控制（包括損害防阻與損害減少），以降低被保險人之損失機會，例如照顧好個人平常健康，生病住院或罹患癌症的機率也可降低。

（三）迅速的理賠處理與親切的售後服務

　　公司能在最短的時間內迅速做好理賠及親切的售後服務，是讓保戶實質感受到保險的意義與功能最實際的展現。

圖 2-10　選擇保險公司的考量重點

選擇保險公司的考量重點

01 保險公司的營運技術

有優良之核保技術
有充分之準備金提存
有優良之內部管理

02 財務運作，包含清償能力及支付債務的能力

第一級：資本適足
第二級：資本不足
第三級：資本顯著不足
第四級：資本嚴重不足

03 壽險公司之服務

商品須為顧客所需求
提供損失控制服務，降低被保險人損失
迅速理賠處理及親切售後服務

2-7 申訴管道

　　先向保險公司的申訴部門洽詢理由或申訴。如果無法獲得解決，可向財團法人金融消費評議中心提出申訴；倘對於保險公司的處理不滿意時，可再向該中心申請評議。或者，保戶也可以選擇向直轄市或縣（市）政府消費者服務中心申訴；或向民間消費者保護團體，例如財團法人消費者文教基金會或社團法人台灣消費者保護協會，提出申訴。

　　此外，也可選擇採調解、調處、仲裁等方式處理。以上的方式較經濟實惠，如果依然無法解決爭端，最後只有向法院提出訴訟一途。

圖 2-11　申訴管道

```
┌─────────────────────────────────┐
│      保險公司申訴部門洽詢          │
├─────────────────────────────────┤
│  向財團法人金融消費評議中心提出申訴  │
├─────────────────────────────────┤
│   選擇向縣市政府消費者服務中心申訴   │
├─────────────────────────────────┤
│      向民間消費者保護團體申訴        │
├─────────────────────────────────┤
│       調解、調處、仲裁等方式         │
├─────────────────────────────────┤
│         法院提出訴訟               │
└─────────────────────────────────┘
```

參考文獻

中華民國人壽保險管理學會，2021，人身保險核保理論與實務，二版，台北：中華民國人壽保險管理學會。

中華民國人壽保險商業同業公會，2022，人身保險業務員資格測驗統一教材，台北：中華民國人壽保險商業同業公會。

中華民國人壽保險商業同業公會，2022，保險業保險代理人公司保險經紀人公司辦理電話行銷業務應注意事項。取自 https://law.lia-roc.org.tw/Law/Article?lsid=FL038650&lawno=4（瀏覽日：2024 年 2 月 28 日）

中華郵政全球資訊網，2024，壽險業務專區。取自 https://www.post.gov.tw/post/internet/Insurance/index.jsp?ID=4010104（瀏覽日：2024 年 2 月 29 日）

呂廣盛，2020，人身保險核保與理賠，四版，台北：三民書局。

全國法規資料庫，2022，保險法。取自 https://law.moj.gov.tw/LawClass/LawAll.aspx?pcode=G0390002&kw=%e4%bf%9d%e9%9a%aa%e6%b3%95（瀏覽日：2024 年 1 月 26 日）

全國法規資料庫，2023，保險業資本適足性管理辦法。取自 https://law.moj.gov.tw/LawClass/LawAll.aspx?pcode=G0390051（瀏覽日：2024 年 1 月 26 日）

財團法人保險事業發展中心，2023，保險財務業務統計。取自 https://www.tii.org.tw/tii/information/information1/000001.html（瀏覽日：2023 年 12 月 31 日）

財團法人保險事業發展中心，2024，公開資訊連結網站。取自 https://www.tii.org.tw/tii/information/information2/（瀏覽：2024 年 6 月 16 日）

范姜肱，2009，保險學：原理與實務，五版，新北：前程文化事業

公司。

凌氤寶、康裕民、陳森松，2020，保險學理論與實務，十版，台北：
　　華泰文化。

許文彥，2021，人壽與健康保險，初版，台北：新陸書局。

許文彥，2023，保險學：風險管理與保險，八版，台北：新陸書局。

陳彩稚，2015，人身保險：人壽保險、年金保險與健康保險，初版，
　　台中：滄海書局。

陳雲中，2009，保險學，六版，台北：五南圖書。

陳森松、何佳玲、曾鹿鳴，2022，人身風險管理與保險，初版，台
　　北：華泰文化。

國泰人壽，2023，公司概況。取自 https://www.cathaylife.com.
　　tw/cathaylife/laws-policies/public-info/company-profile（瀏
　　覽日：2023 年 11 月 1 日）

張國雄，2023，行銷管理：創新與挑戰，六版，台北：雙葉書廊。

廖述源，2018，保險學：理論與實務，一版修訂，台北：新陸書局。

鄭濟世，2022，保險學：經營與監理，三版，台北：新陸書局。

鄭鎮樑，2009，保險學原理：精華版，二版，台北：五南圖書。

鄭燦堂，2019，風險管理理論與實務，九版，台北：五南圖書。

謝耀龍，2017，金融行銷，二版，台北：雙葉書廊公司。

龐寶璽、翁順裕，2013，人身保險經營管理，一版，台北：雙葉書
　　廊公司。

Joseph, M., Stone, G. and Anderson, K. (2003), "Insurance
　　customers' assessment of service quality:a critical
　　evaluation", *Journal of Small Business and Enterprise
　　Development*, Vol. 10, pp. 81-92.

Levitt, T. (1981), "Marketing intangible products and product
　　intangibles", *Harvard Business Review*, May/June, Vol. 59,
　　pp. 94-102.

Maydeu-Olivares, A and Lado, N. (2003), "Market orientation and business economic Performance: A mediated model", *International Journal of Service Industry Management*, Vol. 14 No. 3, pp. 284-309.

Tsoukatos, E. and Rand, G.K. (2006), "Path analysis of perceived service quality, satisfaction and loyalty in Greek insurance", *Managing Service Quality*, Vol. 16 No. 5, pp. 501-519.

Chapter 3

人身保險相關重要法規

保險課堂筆記

　　保險業務員是以業務行銷為主，在行銷過程中可能因為不諳法律而誤觸法網，因此，本人興起了以保險業務員為主角，以保險業務員之法律為背景內容，期許能將自己這二十三年來對於保險業務員與保險相關法規的觀察，用律師與保險業務員此雙重身分的角度來作撰寫說明，希望對於現行保險業務員與法律相關的部分，作一連串重點式的提醒，也希望能提供些許的協助。

　　保險業務員需要學習哪些法規呢？《保險法》、《保險業法》之外，恐怕還要涉及《刑法》、《民法》、《個人資料保護法》、《勞動法》及《稅法》等，若說保險業務員需要十八般武藝也不為過吧。

　　以下就以保險業務員的身分，再加上律師的專業，並以時間為軸，分別將保險契約成立前、保險契約成立時及保險契約成立後，來一一為大家說明吧。

3-1 律師的貼心話——
保險契約成立前

在保險契約訂立之前，有許多保險從業人員必須要知道的事項，例如：不可以商品比較，若解舊換新要經過保戶同意，對於保險的當事人、保險的內容有一定的了解，本文擇要跟大家作說明。

一、要保人

就是購買保險的人，不管是自然人還是法人都是權利主體，可以當保險契約的要保人，另外要具備行為能力，保險契約才會成立生效。

（一）行為能力：

《民法》有規定，如果年齡滿 18 歲以上為成年人，就會有行為能力，可以自己簽訂保險契約。

如果是 7 歲以上，18 歲以下，可以自己簽訂保險契約，但是需要法定代理人（一般是指父母）在要保書契約的法定代理人欄位簽名。

如果是 7 歲以下，那就由法定代理人代簽名即可。

（二）動物可以當要保人嗎？

不行的，因為我國《民法》所承認可以當權利主體的，只有自然人跟法人，而動物並不在該範圍內。

當然未來會不會修法，承認動物可以當權利主體？這一點不知道，但就現行的法律來看，動物確實不能當要保人。

二、被保險人

　　就是保險契約要保護的對象，例如：醫療保險是要保護被保險人的身體、健康。

（一）被保險人的生命

　　當被保險人身故的時候，其實有好多的責任還沒有盡完，這時候保險就會代替被保險人照顧他想要照顧的家人。

（二）被保險人的身體、健康狀況

　　當被保險人生病的時候，可能會面臨龐大的醫療費用，這時候就需要靠保險讓被保險人有治療的基金，以免耽誤了治療的黃金時間。

三、受益人

　　是在保險事故發生的時候，可以請求保險金的人。如果被保險人活著就由被保險人請求，如果被保險人身故就會由受益人來請求。

（一）保險事故

　　什麼是保險事故？看保險契約應該就可以知道了，例如：最近火紅的實支實付醫療險，就是當被保險人因為住院或是手術時，所產生的醫療費用，被保險人可以跟保險公司請求。

（二）受益人不需要有保險利益

　　什麼是保險利益？請見下方的說明。因此，受益人跟被保險人之間不需要有保險利益。其不用有任何關係，不用是親人、不用認識等，通通都也可以喔。

（三）受益人的資格

　　在《保險法》上並沒有規定什麼人可以當受益人，只要是權利的主體都是可以

的，也不用管是不是有親屬關係。

　　但要跟大家提的是，因為《保險業招攬及核保理賠辦法》第 6 條有規定，保險公司在核保時如果發現身故受益人不是指定為配偶、直系親屬，或指定為法定繼承人的時候，保險公司需去要求要保人說明理由。

> **動動腦時間**
>
> 　　這應該是管理保險業的辦法跟《保險法》會打架的地方吧。還記得早期有人在保單的受益人處寫趙樹海嗎？我還是要提醒大家，保險公司會這樣作，是因為怕被罰錢，我想可以互相體諒一下吧。

四、保險利益

　　在現行《保險法》，指的就是要保人與被保險人之間的關係，《保險法》第 16 條有 4 款的規定。

（一）本人及家屬

　　要保人以自己為被保險人，亦即要保人（自己）與被保險人（自己）之間，當然具有保險利益。

　　要保人跟被保險人若是家屬的關係，那麼也會有保險利益。值得一提的是，《保險法》規定的是「家屬」而不是「親屬」。

　　家屬是以永久共同生活為目的而同居一家為判斷標準，有沒有血緣關係不是重點。

　　例如：阿公是要保人，孫子是被保險人，可以嗎？那就要看阿公跟孫子是不是家屬，千萬不要認為阿公跟孫子是親屬，就有保險利益喔。

（二）生活費或教育費所仰給之人

由法律文字來解讀的話，給生活費或是教育費的人，如果不存在了，會對於需要生活費或教育費之人的生活產生很大影響，所以，法律上才容許讓這些人當作被保險人。

（三）債務人

「你欠我這麼多錢，如果死了怎麼辦？不行，我要求你要投保一個壽險，我（債權人）要當要保人跟受益人，這樣我才能安心。」

以債務人當作被保險人，其實很容易發生道德危險的，會不會因為還錢太慢，用保險來還比較快呀。

動動腦時間

債務人不還錢？不是信用問題嗎？一定要用債務人的生命來投保嗎？筆者是覺得非常懷疑啦。

（四）為本人管理財產或利益之人

「這個董事真的好厲害，如果他有一天不在了，對公司的營運一定影響很大，我們讓這個董事當被保險人，幫他投保一下好了，如果他不在了，保險金還可以讓公司度過一陣子。」

五、示範條款

為了讓大量保險商品有一個參考依據，因此大部分的保險商品都有示範條款，例如：人壽保險示範條款、醫療保險示範條款等。

（一）示範條款的效力

有人可能會有疑惑：「如果我投保的保險契約，保險契約條款跟示範條款不一樣的時候，應該怎麼辦？可以主張保險契約牴觸示範條款，而該條款是無效的嗎？」

其實答案是不行的，因為示範條款只有行政指導的性質，如果保險契約與示範條款的約定不同，那麼，還是要以簽訂保險契約的條款為主。

（二）示範條款與保險契約條款不同的例子

例如：示範條款並沒有把「日間住院」列在除外責任，若投保的保險契約將日間住院列為除外責任，那麼，未來被保險人因為疾病而日間住院的時候，保險公司是可以主張拒賠的。

> **動動腦時間**
>
> 還有一件事是值得討論的，如果主管機關頒布函釋說應該要理賠，那麼保險公司是否就要理賠呢？答案一樣是否定的，因為上法院時，法官會說明，法院並不受行政機關函釋的拘束。

六、保戶的個資

在投保過程中，保險業務員會有保戶的個人資料，例如：出生年月日、住居所地址、健康資料、財務資料以及其他保戶的個人資料等。

（一）用保戶的資料投保

許多保險公司會有業績考核的壓力，這時候可以把保戶的資料拿來投保嗎？答案是不行的，因為這不在保戶提供個人資料的用途範圍，會違反《個人資料保護法》，而且保險業務員管理規則之懲處標

準，也會對於保險業務員這個行為予以停止招攬之處分。

而且更嚴重的話，這個行為也會涉及偽造文書，會有刑事責任，千萬不要以身試法。

（二）用保戶的資料來作其他行銷或洩漏給其他人知道

在早期，個人資料的管控較沒有那麼嚴格，因此，會有人把保戶的資料拿來作其他的行銷，例如：招攬信用卡等。

另外，有些保險業務員比較會發生的，就是把保險契約的相關資料，透露給保戶的家人知道，這些都是違反《個人資料保護法》的行為喔。

動動腦時間

實務上就曾發生過，保險業務員找不到保戶繳保費，竟然把這件事告訴保戶的家人，而事後保戶以違反《個人資料保護法》去申訴保險業務員，這種行為真的是很危險的。

圖 3-1　保險契約成立前注意事項

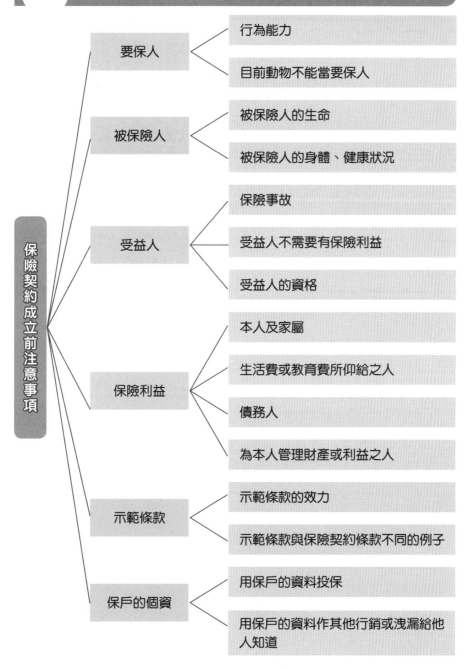

保險契約成立前注意事項

要保人
- 行為能力
- 目前動物不能當要保人

被保險人
- 被保險人的生命
- 被保險人的身體、健康狀況

受益人
- 保險事故
- 受益人不需要有保險利益
- 受益人的資格

保險利益
- 本人及家屬
- 生活費或教育費所仰給之人
- 債務人
- 為本人管理財產或利益之人

示範條款
- 示範條款的效力
- 示範條款與保險契約條款不同的例子

保戶的個資
- 用保戶的資料投保
- 用保戶的資料作其他行銷或洩漏給他人知道

3-2 律師的貼心話——
保險契約成立時

在簽訂要保書的時候，《保險法》規定有誠實告知的義務，除了《保險法》之外，又有許多保險業法的規定，以下擇要來跟要大家説明，在保險契約契約成立時期，相關重要的法規。

一、誠實告知

指的是當要保人在投保保險（填要保書）的時候，一定要誠實地説明保險公司書面所問的內容，如果要保人有違反，那麼保險公司就可以解除契約及把保費沒收。

（一）訂立契約時

《保險法》第 64 條有規定，要保人在訂立保險契約的時候，對於保險公司的書面詢問，要據實説明。

什麼是訂立契約時？一般人的理解應該就是填要保書的時候，如果寫要保書的時間跟要保書上的日期不一樣時，應該要以要保書上的日期當作是一個判斷時間點。

但還是要跟大家説一下，有少數見解認為從寫要保書到保險公司核保的整個期間，都是契約訂立時，這點大家可能要注意一下。

動動腦時間

訂立契約時，到底是一個時間點，還是許多時間點，連成一大段的區間呢？核保時間如果很長，期間若保險事故發生了，應該怎麼辦？目前有少數判決認為整個核保期間都是訂立契約時。

（二）書面詢問

《保險法》第 64 條規定，要保人只有書面的問題（一般指要保書），才有據實說明的義務，因此，可以得知如果不是書面問的問題，或者是超過書面內容的問題，要保人是不需要回答的。

從現行的要保書來看，有二個月、一年、二年及五年的告知事項，所以可以知道，例如：十年前發生過的疾病，如果沒有持續治療、診療或用藥，是不用在要保書說明的。

但我們很常發現，許多時候要保人會對於五年以前的要保書事項作說明，其動機很簡單，就是希望保險公司未來可以理賠，但這是沒必要的。

二、補告知

指的是要保人在投保保險（填要保書）的時候，因為某種原因沒有告知，但於保險契約成立生效後，向保險公司進行補告知，動機是為了希望以後可以獲得理賠。

（一）《保險法》並沒有補告知的規定

《保險法》第 64 條規定，要保人在保險契約訂立的時候，有誠實告知的義務，若沒有在這個時候進行告知，保險公司就會取得解除契約的權利。

（二）保險公司取得解除權

或許有人會說：「我都這麼誠實了，保險公司怎麼忍心解除我的保險契約呢？」但真的有保險公司就會順勢把保險契約給解除了，真心換絕情。

（三）有沒有告知跟會不會理賠是獨立判斷的

有沒有誠實告知，涉及的是保險公司可不可以解除契約，跟未來會不會理賠是沒有關係的。

會不會理賠，要看承保範圍、除外責任，絕對不會因為有告知，未來就一定會理賠。

三、保險契約的效力

指的是當要保人跟保險公司之間契約的效力是什麼？是有效力，還是沒有效力？或者是其他？以下就針對重要的事項作說明。

（一）保險契約成立生效

所謂保險契約成立生效，指的是保險契約具備相關要件而成立生效，保險契約成立生效之後，保險公司要承擔危險，而要保人要交付保險費。

除了有無效的事由，或者是保險契約被解除、撤銷，或是有一方終止

保險契約等事由之外，會有拘束雙方的效力。

（二）保險契約無效

所謂保險契約無效，指的是保險契約欠缺一些要件或事項，或者是被解除或撤銷，保險契約因而沒有成立生效。

例如：要保人與被保險人不同人，被保險人沒有在書面上簽名同意，保險契約不生效力。

例如：要保人違反告知，保險公司寄存證信函解除契約，保險契約會從解除時溯及至保險契約成立生效的時間失其效力。

（三）保險契約解除

所謂保險契約解除，指的是「保險契約已經成立生效」，因為事後的事由，有解除權的人行使解除權，使保險契約溯及至保險契約成立生效時失其效力。

在《保險法》的規定，保險契約的解除只有 4 種，第 1 種是實務上很常見的，要保人違反誠實告知的義務，保險公司知道後行使解除權；第 2 種是被保險人有危險增加的事由，沒有通知保險公司；第 3 種是被保險人違反特約條款，保險公司取得解除權；第 4 種是保險契約因為詐欺而訂立，保險公司取得解除權。

（四）保險契約終止

所謂保險契約的終止，就是俗稱的解約，指的是「保險契約已經成立生效」後，因為有終止權的人行使終止權，使保險契約向後失其效力。

例如：要保人因為急用錢，跟保險公司主張終止契約，這時候保險公司就會把解約金還給要保人。

（五）保險契約停止

　　所謂保險契約的停止，指的是「保險契約已經成立生效」後，因為要保人沒有繼續繳保費，經保險公司催告到達之後，保險契約的效力處於停止的狀態，稱為保險停效。

　　在保險契約停效期間，要保人與保險公司的權利義務處於一個停止的狀態，必須等到要保人請求復效，才會回復到保險契約有效的狀態。

四、要保書的填寫事項說明

　　要保書對於保戶而言其實是有一定難度的，其中有些難以理解的文字、有些告知期間的約定，這些都需要一定的解說才能明瞭。

（一）告知期間或年期

　　要保書的告知事項上，一般會有二個月、一年、二年及五年年期告知事項，如何認定其中的二個月、一年、二年及五年呢？依要保書填寫說明例示可知，是以要保人填寫要保書所載之申請日期起回溯計算。

（二）什麼是「治療、診療或用藥」？

要保書填寫說明例示對此有
詳細的說明。治療：針對疾病、
傷害等異常現象，直接加以手術、
用藥或物理治療、心理治療等。
診療：對於身體狀況有異常之問
診、檢查或治療。用藥：服用、
施打或外敷藥品。

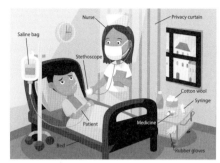

如果符合上述的文義，且也
在告知年期範圍內，那麼要保人就會有告知的義務。

（三）什麼是住院七日？

要保書填寫說明例示有說明，是自辦理住院手續當日至辦理出院
手續當日止，且中間如遇有轉院等中斷住院之情形時，須連續計算在
內。

五、親晤親簽

指的是保險業務員在賣保險的時候，要親自見到要保人及被保險
人，而且須確認要保相關文件都是要保人及被保險人簽名的。

（一）《保險法》及《民法》沒有親晤親簽的規定

很多人會覺得很奇怪：「為什麼買保險不可以請別人幫忙買？
一定要我自己簽名、自己去買，就連我的房子也是請別人幫我買的
啊。」

在這裡我要提一下，要保書上的簽名沒有親晤親簽，並不一定代
表保險契約是無效的，只是保險業務員會被停止招攬而已喔。

（二）親晤親簽常被拿來威脅保險業務員

很多保戶投保之後如果不開心，或者是賠錢，有一些人會用申訴
其沒有親晤親簽，來威脅保險業務員，為的就是要退還所有的保費，

或都是為了彌補自己投資的虧損，實在很不道德。

> **動動腦時間**
>
> 　　《民法》有代理的規定，其實《保險法》也是民事法，所以還是有代理的適用。只不過，若保險業務員沒有取得親晤親簽的文件，會受到行政處罰，一般來說會被停止招攬一段時間，不可不慎。

（三）被保險人不在現場

　　這是現實生活發生過的案子：要保人跟被保險人不同人，當要保人寫完要保書之後，或者是要保人簽完名之後，要保人會跟保險業務員說：「被保險人在房間，我拿進去給他簽。」一般保險業務員都會同意，這時候就會給有心人士操作的機會。

> **動動腦時間**
>
> 　　《保險法》第 105 條規定，要保人跟被保險人不同人時，被保險人要書面同意，如果違反的話，保險契約就會歸於無效。在招攬時，保險業務員記得要幫自己避免這種風險的發生才是。

六、第一線核保人員

　　保險業務員站在核保的角度，可以稱為第一線核保人員，因為在正常件的情況之下，保戶只會遇到保險業務員，因此在市場實務上賦予有第一線核保的義務。

（一）保戶外觀明顯可見

　　如果保戶的外觀明顯可見，但保險業務員沒有請保戶如實記載於要保書或相關文件，可能會被處以停止招攬之處罰。

在現實生活中也真的有發生過：被保險人的體重是 80 公斤到 90 公斤，但在要保書上記載 50 公斤，而經保險公司核保人員予以舉發的案子。可以說保險業務員的眼力要很好才行。

（二）財務報告及業務員報告書

財務報告一般會詢問要保人、被保險人之財務狀況，例如：年收入多少？資產有多少？保險公司會依據上面的金額，來作為核保額度的依據。

而業務員報告書，是希望業務員善盡第一線核保人員的義務，調查保戶一些重要資訊，記載在業務員報告書上，讓保險公司核保人員作核保的參考依據。

值得注意的是，不管是財務報告及業務員報告書，都會問到保戶的收入及資產，如果寫不一樣的話，保險公司就會照會保險業務員去確認。

七、審閱期

審閱期是指在簽訂保險契約之前，有三天的時間將條款拿來閱讀及了解，希望保戶對於保險條款能夠有一定的認識，而不希望保戶草草簽約，之後產生保險糾紛。

（一）審閱期的日期往前押

很多保險業務員在招攬時，都會跟保戶說，審閱期的日期往前押，不然就要等三天後才能投保，但說真的這樣的行為並不是很好。

現在的錄音設備其實很發達，若被錄音後，保戶去作申訴時，往往保險業務員可能面臨停止招攬的命運。

（二）審閱期存在的必要性

有學者就提出，審閱期的制度只會讓保戶受保險保護的時間點往後延，而且也可能變成陷害保險業務員的一個工具，實在沒有存在的必要，何不將十日的撤銷期延長，對於保戶反而比較有利。

圖 3-2 保險契約成立時注意事項

01 誠實告知

訂立契約時
書面詢問

02 補告知

《保險法》沒有補告知的規定
保險公司取得解除權
有無告知與是否理賠是獨立判斷
的

03 保險契約的效力

保險契約成立生效
保險契約無效
保險契約解除
保險契約終止
保險契約停止

04 要保書的填寫事項說明

告知期限或年期
什麼是治療、診斷或用藥？
什麼是住院七日？

05 親晤親簽

《保險法》及《民法》無親晤親
簽的規定
親晤親簽常被拿來威脅保險業務
員
被保險人不在現場

06 第一線核保人員

保戶外觀明顯可見
財務報告及業務員報告書

07 審閱期

審閱期的日期往前押
審閱期存在的必要性

3-3 律師的貼心話——保險契約成立後

在保險契約成立之後，因為保險契約是一個長期性的契約，所以會有契約變更、申請理賠，甚至短時間繳出不保費的情況。

一、十日撤銷權

所謂十日撤銷權是指保險契約於成立生效後，自要保人簽收保單開始，在十日之內要保人可以無條件撤銷保險契約。

（一）撤銷權

要保人有撤銷保險契約的權利，是來自於保險契約的約定，換言之，如果保險契約沒有這樣約定，那麼要保人就不能行使撤銷權。

（二）十天的起算，哪一天是第一天？

十日起算的第一天是由要保人簽收保單的隔天開始起算，簽收當天是不用計入的，也就是從隔天開始計算十天。

動動腦時間

如果不會計算，那麼建議可以走古早路線，不妨拿起手指頭算十天，就會知道哪一天是最後一天了。

（三）必須書面到達保險公司

很多人知道有十日撤銷權這個權利，但卻忽略了必須用書面文件，而且這個書面文件最晚在第十天必須到達保險公司，才算是撤銷成功喔。

二、已在疾病

　　指的是在購買保險的時候，該疾病還沒有治好，一直到保險契約生效之後，才去作相關的治療，保險公司這時候是不用賠的。

（一）既往症

　　既往症指的是在保險契約投保的當天（含）以前就曾經發生過的疾病，但已經復原了，例如：在投保前有感冒，但經過一段時間用藥，已經康復。

（二）已在疾病

　　一般人聽到已在疾病會覺得比較陌生，但這四個字才是《保險法》的專業用語，意思就是說，在購買保險的時候，這個疾病還是持續存在的，一直到保險契約成立的時候，還沒有復原。

　　已在疾病跟既往症有什麼不一樣？有的，既往症是在投保前就發生過的疾病，但已經治療；而已在疾病是在投保前已經發生過的疾病，但一直到保險契約生效之後都還沒治好。

（三）訂立契約超過兩年就會賠嗎？

　　一般人常聽到：賭兩年，保險公司就會賠了。其實這個觀念在醫療保險是錯的，因為《保險法》針對已在疾病並沒有規定滿兩年保險公司就應該要賠的。

　　會有這種想法的人，應該是把「違反告知」跟「已在疾病」搞混了。正確的理解應該是，若有違反告知，保險公司在兩年內可以解除契約，而滿兩年就不能解除契約。

至於只要是訂立契約前就還沒有痊癒的疾病，保險公司才可以拒賠，如果是訂立契約前已經發生過但已經痊癒的疾病，保險公司還是要理賠的。

動動腦時間
　　是不是已在疾病，在訴訟上常見的理賠爭議，法院會要求保險公司對於已在疾病這件事提出證明。

三、批註

　　指的是在購買保險的時候，該疾病在投保時向保險公司進行告知，而保險公司核保之後，決定以批註除外的方式來處理，批註除外的疾病未來是个用埋賠的。

（一）批註要雙方同意

　　批註是一個契約行為，因此若保險公司要把某些疾病批註除外，一定要經過要保人的同意。

（二）批註比已在疾病的範圍更大

　　一般來説，保險公司在作批註時，會把該疾病的相關併發症一起除外掉，所以，它的範圍確實會比已在疾病還要大。

（三）沒有批註未來也不代表會賠

　　很多人會有一個觀念，那就是：「我在投保時跟保險公司作了誠實的説明，若保險公司沒有下批註除外，那麼未來該疾病就一定會賠。」我要跟您説，這個觀念是錯的喔。

四、除外責任

　　指的是原本在保險契約的承保範圍，雙方透過保險契約，將小部分的承保範圍排除不保，亦即對承保範圍予以限縮。

（一）美容手術

　　美容手術一般條款會約定：「美容手術、外科整形。但為重建其基本功能所作之必要整形，不在此限。」但這個文字還是非常地不明確。

　　就筆者在法律訴訟上的經驗，或許以是否為「疾病」來作判斷標準，是一個可行的方式，亦即，若是治療疾病就不是美容手術，若不是治療疾病，那當然就會是美容手術。

（二）懷孕、流產或分娩及其併發症

　　懷孕、流產或分娩及其併發症，原本是保險契約的除外責任，但若有契約約定之「表列事由」，那麼便例外地由除外責任轉變為承保範圍。

　　例如：被保險人有胎位不正，可能會造成難產等問題，這時候醫生建議剖腹產時，原本懷孕是除外責任，但因為懷孕是契約約定之「表列事由」，這時候被保險人就可以跟保險公司請求保險金的給付。

動動腦時間

在訴訟實務上，有被保險人會跟醫生聯合並開立不實證明，請領保險金，這種行為真的很不可取，已嚴重破壞保險制度。

（三）外觀可見之天生畸形

「外觀可見之天生畸形」用文義來看，可以知道是外觀可以明顯看得出來，而且是天生就有的畸形。

天生畸形不在承保範圍，既然是天生的，當然會在保險契約訂立前就已經存在，因此保險公司不予理賠，但有些天生畸形會到 40 歲或 50 歲才發現，這時候又不太符合國民的情感。

動動腦時間

依照筆者在法律訴訟上的經驗，法院一般會再加上被保險人知悉或可得而知這個要件，如果被保險人不知道，那麼可能就不會是外觀可見之天生畸形。

五、必要性

指的是必須有醫學上的理由，保險公司才需要理賠，就「必要性」三個字而言，一般只會出現在住院的條款。

（一）住院的必要性

目前市面上的實支實付型保險，是以住院或是手術所產生的費用，當作保險事故，因此，我們可以知道住院期間發生的費用，或是門診手術期間發生的費用，會在實支實付型保險的承保範圍。

但目前有許多醫療項目所花費的金額很高，因此，有些被保險人會自己辦理住院一天，為的就是向保險公司請求醫療費用，這就很有

可能會被認定沒有住院的必要性。

動動腦時間

　　「原來實支實付型保險要有住院才會賠，沒關係，我自己住院一天不就好了？」真的是這樣子嗎？

（二）手術的必要性

　　上面有提到，若討論必要性，則在保單條款裡面，只會出現在住院的條款。還記得筆者的一次訴訟經驗，保險公司告訴法官，手術的必要性條款裡面有約定，我馬上就跟對方說：「請問，約定在哪裡？」對方最後找不出來。

　　其實除了住院有必要性的約定以外，手術是否具有必要性，個人的經驗是回歸到法律較上位的概念，以誠信原則來作判斷。意思就是說，就算條款沒有這樣約定，還是可以用誠信原則來判斷是否需要進行這個手術喔。

（三）選擇性手術

　　選擇性手術指的是保戶可以選擇要不要做這項手術，如果可以不要做這項手術而有其他的治療方式，那麼保險公司就會主張是非必要性手術。

　　但這是一個非常不健康的觀念，應該要先判斷，其對被保險人而言是不是疾病，而不是只要可以選擇，就是沒有必要性。

（四）替代性手術

　　替代性手術也是目前爭議很大的地方，替代性手術一般指的是，
以前可能要用刀、槍來侵入治療，但現在因為醫療進步，可以用較安
全或是較小的傷口來處理。

六、危險提高了要跟保險公司說嗎？

（一）職業變更

　　保險契約幾乎都是長期二十年以上，甚至有些會到 70 歲、80
歲，在這麼長的時間，被保險人換工作其實是可以預見的。

　　部分保險是跟職業有關係的，例如：傷害險，內勤是用最低的第
一級保險費率，而計程車司機可能是用比較高的保險費率作計算，甚
至有些職業是拒保的。

　　如果有一天內勤人員去駕駛計程車，這時候就應該通知保險公司
用較高的保險費作承保，如果沒有通知保險公司，《保險法》規定保
險公司可以解除保險契約，而保險契約會約定，容許保險公司打折理
賠。

（二）危險提高了都要通知嗎？

其實並不是危險提高了，就全部都要通知保險公司，必須是危險提高這個行為持續一段時間，才需要通知保險公司。

例如：被保險人參加水電工體驗活動，因為這個活動只是一下子就結束的，並不符合危險提高的規定，就算這時候被保險人因為在做水電的過程中受傷了，保險公司仍然要依約理賠保險金。

七、變更受益人要保險公司同意嗎？

（一）要保險公司同意嗎？

不用的，《保險法》只有規定，如果變更受益人而沒有通知保險公司，那麼保險公司賠錯了，保戶要自己負責，但沒有規定變更受益人要經過保險公司同意才會生效。

（二）變更受益人什麼時候生效呢？

評議中心認為變更受益人，在要保人變更的時候就會發生效力，因此，在要保人變更的當下，就會發生變更的效力，至於何時告知保險公司，則是保險公司是否可以對抗的問題。

另外要提醒的是，如果要保人的意識是有問題的，記得在變更當下要保留證據，當發生爭議時，可以拿出來當作證據喔。例如：在病房內變更時，要錄影存證。

八、變更地址

（一）地址的重要性

地址在保險契約中，是一個很重要的因子，因為它涉及了保險公司的通知是否送達，例如：解除契約、繳費通知、停效的催告等，如果沒有處理好，後續將會產生許多爭議。

（二）地址的種類

打開要保書，會發現要保書上需填寫的有好幾個地址，例如：收費地址、戶籍地址、聯絡地址等，每一家大致上都不太一樣。

而在保險契約上，比較重要的地址應該是住居所的地址，因為這個地址會涉及保單要停效前的催告是否合法送達的問題。

（三）地址忘了改，沒收到通知怎麼辦？

在保險契約中一般都會約定，以約定的地址為送達的地址，如果搬家了，但地址忘了改，那麼，未來有爭議的時候，還是會當作保險公司已經送達了。所以，如果搬家的話，要記得去變更地址喔。

動動腦時間

實務上有保戶說：「業務員都知道我搬家了，卻沒有幫我改住址，讓我收不到信。」但我要說的是，保險業務員是沒有這項義務的。

九、被拒賠了應該怎麼辦？

（一）申請評議

如果保險公司拒賠了，一般人會先想到的應該是申請評議，評議中心是為了解決保險紛爭，所設立的一種救濟機制。

值得注意的是，保險案件可以申請評議這點沒有問題，但，評議的金額是有限制的，例如：原則上多次型的給付限制是 12 萬，一次型給付的是 120 萬，如果超過這個金額，評議對保險公司是沒有拘束力的。

最後提醒，如果要走評議，記得要先跟保險公司申訴，申訴過後，保險公司拒賠了，或是不理會，才可以跟評議中心提出評議申請。

（二）提起訴訟

如果評議判敗訴，或者是金額超過評議規定的金額，這時候都可以再提起民事訴訟，請求保險公司給付保險金。

當然，提起訴訟是不是要先經過評議呢？答案是不用的。如果判斷後，覺得評議無法解決您的問題，不管是金額或是其他想法，都可以直接跳過評議而進入訴訟的。

動動腦時間

不管是要評議，還是要進入訴訟，建議要著手前可以找執業的保險經紀人或是律師作一下諮詢，這一點應該是很重要的。

圖 3-3　保險契約訂立後注意事項

1 十日撤銷權

撤銷權
十天的起算，哪一天是第一天？
必須書面到達保險公司

2 已在疾病

既往症
已在疾病
訂立契約超過兩年就會賠嗎？

3 批註

批註要雙方同意
批註比已在疾病的範圍更大
沒有批註未來也不代表會賠

4 除外責任

美容手術
懷孕、流產或分娩及其併發症
外觀可見之天生畸形

5 必要性

住院的必要性
手術的必要性
選擇性手術
替代性手術

6 危險提高了要跟保險公司說嗎？

職業變更
危險提高了都要通知嗎？

7 變更受益人要保險公司同意嗎？

要保險公司同意嗎？
變更受益人什麼時候生效呢？

8 變更地址

地址的重要性
地址的種類
地址忘了改，沒收到通知怎麼辦？

9 被拒賠了應該怎麼辦？

申請評議
提起訴訟

Chapter 4

核保、理賠運作的理論與實務

核保及理賠為保險公司重要的部門。了解其運作的原理有助於與
保險公司作有效的溝通，也可增進作業的效率。

　　核保方面，意義與功能、核保程序、核保文件、危險因素與評估
（一般危險因素、醫學危險因素）、人身風險型態、逆選擇、有利選
擇與道德風險，以及核保決定方式等為各節重點。

　　理賠方面，則依照理賠作業程序、受理、審查、調查與給付，分
節詳述。

理賠重點
1. 理賠作業程序
2. 受理
3. 審查
4. 調查
5. 給付

核保重點
1. 意義與功能
2. 核保程序
3. 核保文件
4. 危險因素與評估
5. 人身風險型態
6. 逆選擇、有利選擇與道德風險
7. 核保決定方式

風險公司
重要部門——
核保及理賠

4-1 核保的意義與功能

　　核保為保險公司對於業務的篩選過程，不同學者對於核保依照其著重的觀點給予不同的定義，彙整如下表所示：

學者	定義	著重的觀點
《保險經營》(1992)	核保是一種危險鑑定、評估、選擇、訂價及決定對危險承保條件與範圍的決策過程。	作業流程。
《保險英漢字典》(2003)	保險公司在同意接受保險業務之前，對該項保險業務的危險程度、承保各項條件及公司本身承保能力進行判斷的過程；其目的在適當地分散危險、判斷每一案件的保險費收入及其風險程度是否相對應、整體而言是否帶來核保利潤。	核保利潤。對價。
鄭鎮樑 (2014)	廣義的核保為核保人員依照各項要保業務進行風險的鑑定、評估與選擇，並將符合核保標準的業務決定承保條件與訂定合理費率的過程。其流程為蒐集與風險相關的資訊、鑑定與分析風險、制定及評估各種核保方案、選擇最佳核保方案、執行已選定的核保方案，及監督與改進選定的核保方案。	作業流程。
許銘元 (2016)	保險業的核保就是對於其業務的品質管理。品質管理強調在作業過程中透過各種管制的方法達到品質齊一的產品。核保則是依據核心變數訂定管制的標準，使保險公司所承受的業務為同質性，消減逆選擇及道德風險所產生的波動，依風險分類訂定合理對價。使保險公司的經營達到有效率並獲取利潤。	同質性。逆選擇。道德風險。利潤。
呂廣盛 (2017)	保險公司對於欲加入保險制度的每個危險個體加以篩選、分類，並各自賦予其適當的承保條件，使危險達到均一（同質）化，以維護保險制度公平合理的目的，此種危險篩選的過程稱之。	作業流程。危險同質性。保險制度公平性。

綜上所述，核保主要以保險經營的危險同質性為基礎，目的在維持對價合理適當、保險制度的公平性及獲取核保利潤。作業流程是依照保險公司風險管理的作業逐一展開。

4-2 核保（危險選擇）的4個程序

　　人身保險之核保程序分別是招攬人員的選擇、體檢醫師的選擇、核保人員的選擇及調查人員的選擇四個階段。

一、第一次危險選擇——招攬人員的選擇

　　由招攬人員在招攬過程中所做的危險選擇。有面晤、觀察、詢問及報告四個步驟。

　　「面晤」為與要保人、準被保險人見面。「觀察」係詳細觀察準被保險人的健康狀態與生活環境。「詢問」即向準被保險人詢問健康情形、職業內容與告知事項，目的在於確認準被保險人的確實狀況。「報告」就是將面晤、觀察及詢問的資訊記入招攬人員報告書。其要領如下：

面晤	一、了解投保人的投保動機。 二、招攬人員應主動說明違反告知義務的後果。 三、由要保人親自填寫要保書的契約內容及親自簽章，不得代為填寫。
觀察	一、確認外表、體格、臉色、行動是否正常。 二、確認身體障礙缺陷。 三、家庭狀況、家族病史與居住環境。 四、工作職位、性質、生活環境與保額是否相當。
詢問	一、投保目的。 二、是否已投保本公司或其他公司的保險。 三、實際從事的職業與副業之具體內容。 四、休閒活動及旅遊史。 五、生活習慣（菸、酒、藥物的使用）。 六、健康狀況與家族史。 七、收入與資產。

| 報告 | 一、確認面晤、觀察詢問事項內容的完整性與正確性。 |
| | 二、有其他發現須於報告內加以補充說明。 |

招攬人員是直接接觸準被保險人的人，完整及確實的過程與報告內容，能讓核保人員做更正確的判斷，在危險選擇的過程中是最重要的步驟。但若招攬人員未能確實，或為了業務拓展而隱匿事實，則會影響保險契約的業務品質，進而影響保險制度的穩健經營。

二、第二次危險選擇——體檢醫師的選擇

由體檢醫師從醫學觀點，運用醫學知識與技術並結合保險知識與技術，對被保險人所進行的危險選擇。

三、第三次危險選擇——核保人員的選擇

保險公司核保人員依據招攬人員及體檢醫師提供的報告書，判斷是否可以承保及對危險進行評估、分類並賦予適當危險對價的過程。

完成第三次危險選擇的過程後，保險公司會簽發保單給要保人，正式開始雙方所訂保險契約的權利及義務的關係。

四、第四次危險選擇——調查人員的選擇

由保險公司的調查人員所進行於訂約前的生存調查，或契約成立後的保全調查，或理賠給付的調查。

圖 4-1 核保的 4 個程序

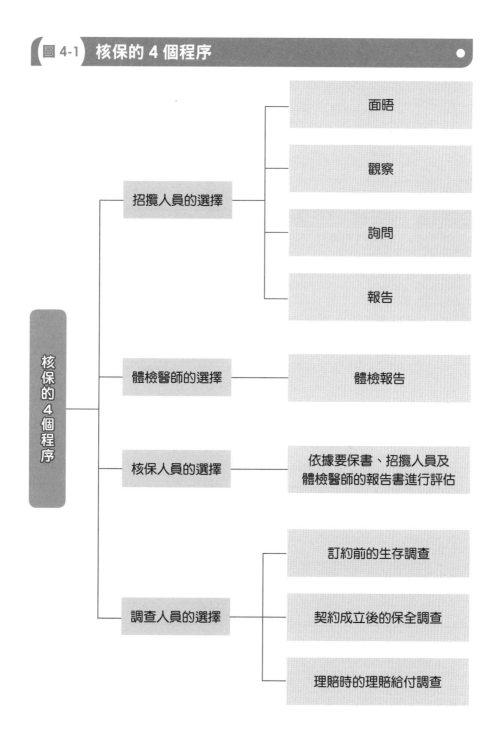

表 4-1　四次核保流程

核保階段	第一次 危險選擇	第二次 危險選擇	第三次 危險選擇	第四次 危險選擇
期間	契約成立前 (一)。	契約成立前 (二)。	契約成立時。	契約成立前。 契約成立後。 理賠時。
人員	招攬人員。	體檢醫師。	核保人員。	調查人員。
核保文件或 作業	要保書。 招攬人員報告 書。	體檢報告。	要保書。 招攬人員報告 書。 體檢報告。 生存調查報告 書。	契約成立前： 生存調查。 契約成立後： 保全調查。 理賠時：理賠 給付調查。

4-3 核保文件

　　人身保險核保所需的文件主要有要保書、業務員招攬報告書、體檢報告書與補充問卷、財務狀況告知書、徵信調查報告書、保險業資訊通報系統及其他。

一、要保書

　　要保書為契約成立的基礎，由要保人填寫書面要保的意思表示文件。是招攬人員蒐集要保人、被保險人基本資料的文件，也是核保人主要的審核文件。

　　要保書包括基本資料、告知事項、聲明事項。要保書之聲明事項及告知事項應由要保人及被保險人親自確認後簽名或蓋章。

　　基本資料為要保人、準被保險人及受益人之基本資料、要保相關事項、保單條款中由要保人選擇之項目及其他項目。

圖 4-2　要保書的內容

01 基本資料
- 要保人、準被保險人及受益人之基本資料
- 要保相關事項
- 保單條款中由要保人選擇之項目及其他項目

02 告知事項
- 針對被保險人職業及身體狀況等書面詢問事項
- 在危險評估中扮演最重要角色

03 聲明事項
- 要保人及被保險人之授權事項
- 要保人及被保險人之同意事項

告知事項主要針對被保險人職業及身體狀況等之書面詢問事項。告知事項在危險評估中扮演最重要的角色，也是《保險法》第 64 條最主要的適用範圍。

聲明事項為要保人及被保險人之授權及同意事項。

相關內容詳如下：

項目	內容說明
基本資料	一、要保人、被保險人及受益人的基本資料。 二、要保相關事項：要保人與被保險人之間的關係、保障內容、保費繳交方式、自動墊繳同意、紅利給付選擇方式。 三、要保人或被保險人是否已投保其他商業實支實付型保險或實支實付型醫療保險。 四、被保險人是否領有身心障礙手冊或身心障礙證明。 五、被保險人目前是否受有監護宣告（具有人壽保險或傷害保險性質之保險商品適用）。
告知事項	一、被保險人的職業及兼業。 二、被保險人目前的身高體重。 三、相關疾病的告知（詳第 5 章）。
聲明事項	一、本人（被保險人）同意○○保險公司得蒐集、處理及利用本人相關之健康檢查、醫療及病歷個人資料。 二、本人（被保險人、要保人）同意○○保險公司將本要保書上所載本人資料轉送產、壽險公會建立電腦系統連線，並同意產、壽險公會之會員公司查詢本人在該系統之資料以作為核保及理賠之參考，但各該公司仍應依其本身之核保或理賠標準決定是否承保或理賠，不得僅以前開資料作為承保或理賠之依據。 三、本人（被保險人、要保人）同意○○保險公司就本人之個人資料，於《個人資料保護法》所規定之範圍內，有為蒐集、處理及利用之權利。 四、實支實付型傷害醫療保險或實支實付型醫療保險之保險金申領，如保險人不接受收據影本、抄本、謄本等文件者適用：

項目	內容說明
聲明事項	（一）實支實付型傷害醫療保險適用 　　　本人（被保險人、要保人）已知悉並明瞭實支實付型傷害醫療保險或實支實付型醫療保險之受益人，申領保險金給付時須檢具醫療費用收據正本。但若被保險人已投保○○保險公司二張以上之商業實支實付型傷害醫療保險或實支實付型醫療保險；或本人於投保時已通知○○保險公司有投保其他商業實支實付型傷害醫療保險或實支實付型醫療保險，而○○保險公司仍承保者，○○保險公司對同一保險事故仍應依各該險別條款約定負給付責任。如有重複投保而未通知○○保險公司者，同意○○保險公司對同一保險事故中已獲得全民健康保險或其他人身保險契約給付的部分不負給付責任。 （二）實支實付型醫療保險適用 　　　本人（被保險人、要保人）已知悉並明瞭實支實付型傷害醫療保險或實支實付型醫療保險之受益人，申領保險金給付時須檢具醫療費用收據正本。但若被保險人已投保○○保險公司二張以上之商業實支實付型傷害醫療保險或實支實付型醫療保險；或本人於投保時已通知○○保險公司有投保其他商業實支實付型傷害醫療保險或實支實付型醫療保險，而○○保險公司仍承保者，○○保險公司對同一保險事故仍應依各該險別條款約定負給付責任。如有重複投保而未通知○○保險公司者，同意○○保險公司對同一保險事故中已獲得全民健康保險或其他人身保險契約給付的部分不負給付責任，但○○保險公司應以「日額」方式給付。 五、外幣收付之非投資型人身保險適用 　　本人（要保人）已詳閱後附「匯率風險說明書」，並了解本保險係以○幣為收付幣別，持有本保險期間越長，匯率波動越難預測，匯率風險越高；本保險之保險費、保險給付、保險單借款、費用及其他款項之收付，皆以○幣進行，且須以外匯存款戶存撥之。本人或受益人向保險人領取各種外幣保險給付或本保險相關外幣款項後，如將前揭外幣款項兌換為新台幣時，須自行承擔因匯率變動可能產生之匯兌損益及匯兌費用。業務員已確實告知上述情事。

二、業務員招攬報告書

　　業務員是唯一在投保前最早看到要保人及準被保險人本人的人。業務員根據面晤要保人、準被保險人的觀察與了解填寫的文件。內容分為招攬過程、財務情形、健康狀況及聲明事項。

　　保險業從事保險招攬之業務人員有誠實填寫招攬報告書之義務，其內容至少應包含：

（一）招攬經過。

（二）被保險人工作年收入及其他收入。

（三）要保人及被保險人是否投保其他商業保險。

图 4-3　招攬報告書內容

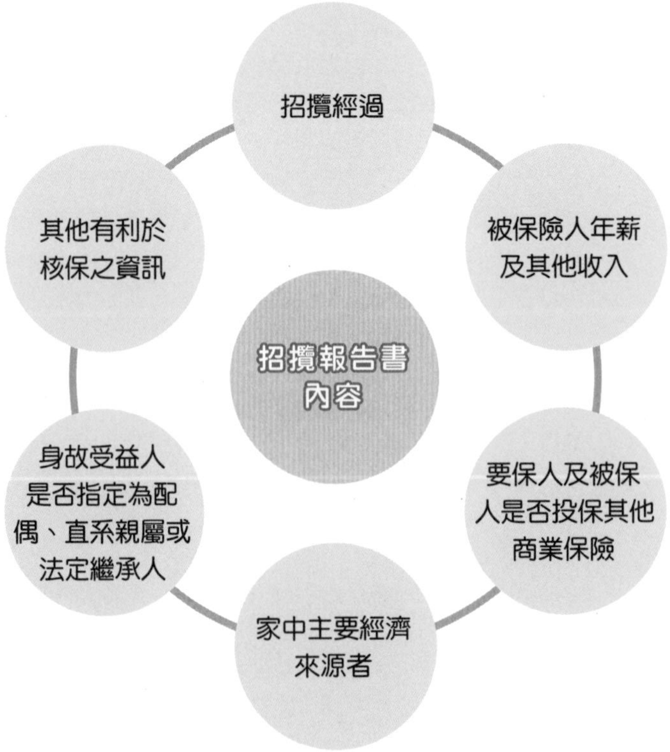

（四）家中主要經濟來源者。

（五）身故受益人是否指定為配偶、直系親屬，或指定為法定繼承人，且其順位及應得比例適用《民法》繼承編相關規定。若否，應說明原因。

（六）其他有利於核保之資訊。

項目	內容
招攬過程	一、本契約的來源（陌生拜訪、原已相識、朋友／保戶介紹、要／被保險人要求、其他）。 二、要保書上是否確係由要／被保險人及法定代理人簽名或要保單位正式蓋章確認。 三、招攬時是否確認要保人（要保單位）／被保險人及法定代理人之身分，並核對要保書填載內容確實無誤。 四、本保單之規劃，要保人與被保險人是否已確實了解投保目的、保險需求，綜合考量財務狀況以及付費能力，分析與評估保費、保額及保障需求間之適當性，且符合投保條件，無僅以理財、節稅、資金運用作為招攬之主要訴求，及未有鼓勵或勸誘以貸款或保險單借款方式購買保險。 五、要保人購買保險商品時，是否對於保障內容或給付項目完全不關心，抑或對於具高保單價值準備金或具高現金價值或躉繳保費之保險商品，僅關注保單借款、解約或變更受益人等程序。 六、要／被保險人投保目的。 七、招攬時是否已向要保人與被保險人說明本保險商品之承保範圍、除外不保事項及商品風險。 八、招攬人員已了解要保人及被保險人之行動電話號碼、電子郵件信箱或其他經主管機關認可足資傳遞電子文件之聯絡方式（保險契約係以電子保單型式出單者適用）。 九、要／被保險人／身故受益人身分之確認： （一）要／被保險人關係。 （二）身故受益人是否指定配偶或直系親屬，若「否」請填寫受益人姓名、身分證號碼、與被保險人關係、指定該受益人的原因。

項目	內容
財務情形	一、要保人、被保險人年收入與其他收入。 二、要保人、被保險人家庭年收入。 三、家中主要經濟者姓名、與被保險人之關係。 四、要／被保險人或家中主要經濟者之財務狀況。 五、要／被保險人是否投保（或正在投保）其他商業保險及填寫公司名稱。 六、繳交保險費的資金來源。 七、要保人與被保險人於投保前三個月內是否有辦理終止契約、貸款或保險單借款。
健康狀況	一、外觀體況。 二、被保險人的四肢五官是否有殘缺障礙或畸形，若「是」，請註明詳情。
聲明事項	一、要保書之被保險人姓名、身分證字號、生日、職業及告知事項，確經本人當面向要保人、被保險人說明並核對身分證件且由要保人、被保險人親自填寫要保書及簽名無誤。 二、本人向要保人、被保險人招攬時，已評估過要保人、被保險人收入、財務狀況、職業與保險費之負擔能力及保險金額的相當性，要保人確已了解其所繳保費係用以購買保險商品，並於面見要保人、被保險人後作成本保險需求及適合度評估暨業務員報告書。 三、如有不實致○○保險公司受損害時，願負賠償責任，特此聲明。
其他	一、國籍。 二、職業為一般職業或特殊職業。 三、法人負責人國籍、法人註冊地、法人營業地。 四、客戶屬性為非專業客戶或專業客戶。 五、過去一年內要保人是否居住於中華民國境外超過半年以上，若是，請說明居住國家（地區）。 六、要保人或被保險人是否是現任（或曾任）國內外政府或國際組織之重要政治性職務人士（如：中央或地方民意代表、公務機關首長），若是，請說明。

三、體檢報告書及補充問卷

分為被保險人告知與健康聲明、醫師健康檢查項目、體檢醫師的評估與建議。

常用的補充問卷分為職業問卷、疾病問卷。職業問卷用在被保險人所告知的工作內容無法判斷危險程度時，則須加填職業問卷加以釐清。疾病問卷用於危險程度不太高的不明確健康狀況，為減低核保成本（體檢或調閱病歷資料）所採行的方式。

圖 4-4　體檢報告書

體檢報告書

- 被保險人告知與健康聲明
- 醫師健檢項目
- 體檢醫師的評估與建議

圖 4-5　補充問卷

職業問卷　　補充問卷　　疾病問卷

四、財務狀況告知書

　　了解被保險人因財務狀況所致的核保動機之證明文件。財務狀況告知書主要是提供要保人、被保險人的財務狀況。用以了解投保金額與財務狀況之合理性，並評估是否有保費超過收入的合理比例，藉以推論其投保的動機是否合理。

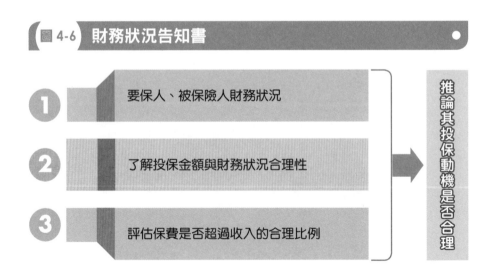

圖 4-6　財務狀況告知書

1　要保人、被保險人財務狀況

2　了解投保金額與財務狀況合理性

3　評估保費是否超過收入的合理比例

推論其投保動機是否合理

五、徵信調查報告書

核保人員對於某些有特殊危險顧慮的投保件，或為了強化危險選擇與評估的管理，委託專任的徵信人員對要保人、被保險人進行徵信調查。

徵信調查報告包括投保動機、工作危險分析、收入與資產狀況、家庭狀況與社會背景、被保險人風險分析（外觀、嗜好、休閒活動、既往病史）、其他與風險有關的評估。

徵信調查報告在核保作業的功能，為提供核保人員審核新契約件的佐證、承保後各項作業（契約變更、轉換、復效或理賠給付）的參考資料。

圖 4-7　徵信調查報告書

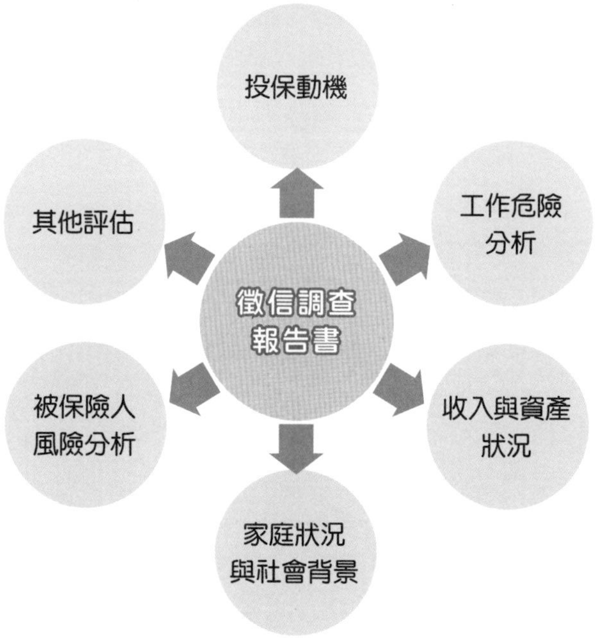

六、保險業資訊通報系統

　　保險公司於受理要保書、同意承保出單及保險契約狀態異動時，會將人身契約的特定資料報送到保險業通報資訊系統。核保人員藉由此通報系統以節省保險公司蒐集核保資料成本的方式，來達到有效的危險評估，阻止要保人、被保險人的不實告知與詐欺，防止因資訊落差造成保險市場波動的現象（道德危險、逆選擇、短期重複投保）。

　　通報系統的資料有要保人填寫要保書的日期、被保險人的身分證字號、保險商品種類、保險金額、幣別、保險公司、經紀人（或代理人）公司。

七、醫療院所就診病歷

　　核保人員需取得被保險人進一步醫療資料做承保決策時，會請被保險人自行提供醫療院所的就診病歷，或取得被保險人同意授權後，由保險公司向就診的醫療院所調閱相關病歷。病歷記錄的格式分為 SOAP，主訴 (Subjective)、病情觀察與檢查 (Objective)、診斷 (Assessment) 及後續追蹤與治療計畫 (Plan) 四個項目，透過病歷的資訊，判斷準被保險人投保險種的可行性。

圖 4-8　病歷記錄的格式 SOAP

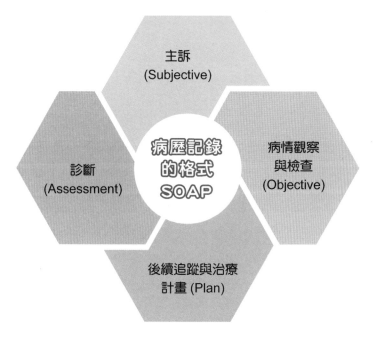

八、壽險業履行《個人資料保護法》告知義務內容說明書

　　個人資料屬於基本人權，保險公司使用要保人、被保險人的個人資料時，應尊重要保人、被保險人的權益，以誠實信用的方式使用。保險公司應提供「壽險業履行個人資料保護法告知義務內容說明書」，告知蒐集個人資料的類別、來源；利用的期間、地區、對象與方式。要保人得就保險公司保有的個資，以書面、電子郵件、傳真、電子文件等方式，行使下列有關權利：（一）查詢、請求閱覽或請求製給複製本。（二）請求補充或更正。（三）請求停止蒐集、處理或利用及請求刪除。

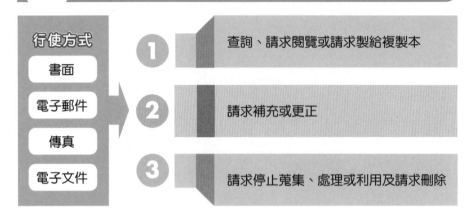

圖 4-9　要保人就個資所能行使的權利

行使方式		
書面	①	查詢、請求閱覽或請求製給複製本
電子郵件	②	請求補充或更正
傳真	③	請求停止蒐集、處理或利用及請求刪除
電子文件		

九、特定文件

特定文件內容包含：（一）投資型保險商品，（二）外幣收付之非投資型人身保險商品。

（一）投資型保險商品

由於投資風險需要由要保人承擔，為保障要保人與受益人權益，避免日後因投資績效發生糾紛，須提供下列文件：

1. 保險商品說明書。連結結構型商品，應再提供客戶投資報酬與風險告知書、結構型商品中文說明書、中文投資人須知。
2. 保險商品簡介。
3. 建議書（一式兩份，其中一份於投保受理時應附於要保書，並應請保戶詳閱了解後簽名確認）。
4. 客戶投資屬性評估表。

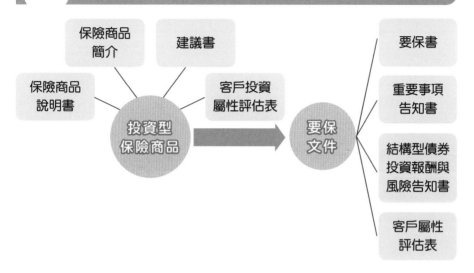

圖 4-10　投資型保險商品

保險商品簡介　建議書　保險商品說明書　客戶投資屬性評估表

投資型保險商品　➡　要保文件

要保書　重要事項告知書　結構型債券投資報酬與風險告知書　客戶屬性評估表

　　實務上，保險公司會再提供重要事項說明書、委託結匯額度查詢暨結匯授權書。

　　另外，要保文件上會再提供下列揭露事項：

1. 要保書

　(1) 人身保險警語及投資風險警語（人身保險審查應注意事項第 7 點）。

　(2) 避險風險警語（人身保險審查應注意事項第 9 點）。

　(3) 加列保險業招攬人員是否出示合格銷售資格證件，並提供保單條款、說明書供本人參閱的詢問事項。

　(4) 保險公司須告知保戶的重要事項（如：保單價值計算、投資風險、保單借款的條件、契約各項費用等），應依商品特性以表列方式敘明，表末請要保人於「本人已了解本保險商品的重要事項」及「本人已同意投保」選項勾選，並請要保人親自簽名。

2. 重要事項告知書

　　(1) 各項費用。

　　(2) 投資標的及其可能風險。

　　(3) 相關警語。

　　(4) 其他經主管機關規定事項。

3. 結構型債券投資報酬與風險告知書

　　(1) 結構性商品發行條件、相關費用、信用風險、法律風險、價格
　　　　波動風險、流動性風險、費率風險及其他風險。

　　(2) 要保人及被保險人於要保書中之「結構型債券投資報酬與風險
　　　　告知書」或「重要事項告知書」上簽名。

4. 客戶屬性評估表

　　　　用以評估要保人的風險承受度，並按其風險等級提供其適當商
　　品，不得受理非專業投資人投資超過其適合等級之結構型商品，或
　　限專業投資人投資之結構型商品。

（二）外幣收付之非投資型人身保險商品

　　　核保文件除了有要保書外，商品簡介須於明顯處揭露保險費收取
方式、匯率費用負擔、商品所涉及之匯率風險，及商品幣別所屬國家
的政治、經濟的變動風險。另須提供「匯率風險說明書」供要保人填
寫，並由要保人與業務員共同具簽，以確認業務員已充分說明匯率風
險說明書的重要事項。客戶適合度調查評估表，藉此了解要保人是否
有此一商品需求、承受匯率風險的能力及了解產生的相關費用。

圖 4-11 外幣收付之非投資型人身保險商品簡介

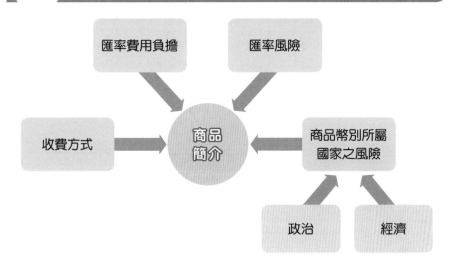

4-4 人身保險的危險因素與評估——一般危險因素

分為保險利益、職業與兼業、生活習慣、居住地、財務能力、受益人指定、休閒嗜好、道德危險及逆選擇。

一、保險利益

保險利益為要保人或被保險人對於保險標的發生保險事故而受損，因保險事故的不發生而未受損失，此種經濟上的利害關係，稱之。人身保險的保險利益存在於下列兩種情形：（一）要保人以本身為被保險人投保人身保險，其投保是要保障要保人本人，所以當然具

圖4-12 人身保險的危險因素與評估——一般因素

有保險利益。（二）要保人與他人有經濟生活上的利害關係，而有保險利益。

　　《保險法》第 16 條：「要保人對於下列各人之生命或身體，有保險利益。一、本人或其家屬。二、生活費或教育費所仰給之人。三、債務人。四、為本人管理財產或利益之人。」

　　《保險法》第 20 條：「凡基於有效契約而生之利益，亦得為保險利益。」

　　確認保險利益的存在，有助於防範道德危險的發生。

二、職業與兼業

　　主要是在審視工作上的危險因素對於意外事故及健康上的影響。職業與兼業的工作危險因素，主要有實質危險因素、環境危險因素、風俗的危險因素、行業景氣的危險因素。

圖 4-13　職業與兼業的工作危險因素

```
        實質              環境
      危險因素           危險因素


       風俗的            行業景氣的
      危險因素           危險因素
```

三、生活習慣

主要是審視被保險人是否有吸菸、飲酒及藥物濫用等，會影響壽命與健康的危險因素。

四、居住地

被保險人居住環境的生活品質、當地醫療設施與風俗習慣，都是人身的風險因素。另外對於旅台的外籍人士、海外居留人士及海外移民華僑，也會與國內居民的人身風險有所差異。

五、財務能力

主要是審視被保險人的保險金額是否符合危險保障所需，其支付的對價是否符合其經濟能力所能承擔的範圍。

評估的項目有：

（一）要保人與被保險人職業穩定性。

（二）資產負債狀況。

（三）收入來源。

（四）投保目的。

（五）有效保額。

（六）年齡。

（七）保費繳交的合理性。

圖 4-14　財務能力的評估項目

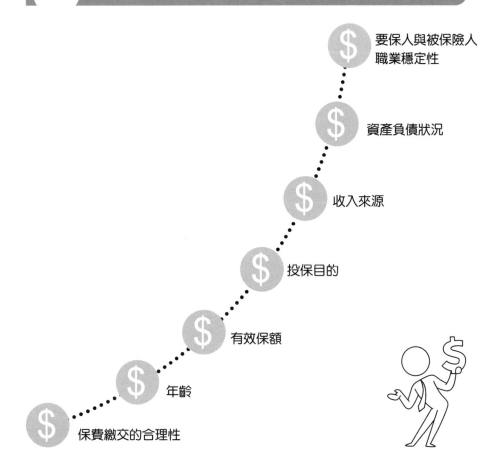

要保人與被保險人
職業穩定性

資產負債狀況

收入來源

投保目的

有效保額

年齡

保費繳交的合理性

六、受益人指定

（一）《保險法》第 105 條規定：「由第三人訂定的死亡保險契約，
　　　未經被保險人書面同意，並約定保險金額，其契約無效。」

（二）對於短年期滿期保險金的受益人，核保人員應注意是否屬於保
　　　險業防制洗錢及打擊資助恐怖主義作業應注意之列管人員，以
　　　免發生洗錢的道德風險。

七、休閒嗜好

主要為傷害保險的危險因素，了解被保險人是否有從事較危險的休閒嗜好，如有，應再對於參加活動的時間長短、次數及是否有接受相關的訓練，來評估其危險。

八、道德危險及逆選擇

（另以專節 4-7 說明。）

一般危險因素		核保評估要點
保險利益		確認要保人與保險人有符合《保險法》第 16 條的關係。 家屬：是否同居一室，互負扶養義務。 生活費與教育費所仰給之人：要保人是否具有繳費能力，及要保人對生活費與教育費的實質負擔是否超過保額。 債務人：以合法經營信用借貸的金融機構為主。私人信用借貸關係，原則上予以避免，如考慮承接應要求借貸契約須經法院公證。 為本人管理財產或利益之人：需確認其死亡或傷害對其公司財產或營業所產生經濟利益的影響。 基於有效契約而生之利益：必須注意契約關係對第三人生命身體有保險利益者，其保險利益不得超過實際利益的範圍。
職業與兼業	實質危險因素	職業或兼業工作內容之危險性。
	環境危險因素	工作環境是否有高度的危險因素。
	風俗危險因素	宗教信仰、風俗文化的環境。
	行業景氣危險因素	景氣狀況對該行業的影響，或是該行業已經被取代而導致新增的危險狀況。

一般危險因素		核保評估要點
生活習慣		是否有吸菸、飲酒及藥物使用之情形。 可透過檢驗了解其事實狀況。
居住地	本國人不同地區	其居住地區周遭的醫療設施完備情形。 當地的風俗習慣。
	旅台外籍人士	旅台外籍人士的背景、經濟狀況、身體狀況、來台目的、長期居留或定期返國。
	海外居留人士	駐外原因。 駐外當地的衛生條件、交通、政治經濟、自然環境。 當地醫療水準。
	海外移民華僑	道德風險、逆選擇及是否有洗錢的嫌疑。
財務能力	要保人及被保險人職業穩定性	確保財務能力可以持續。
	資產負債狀況	保費繳納與年收入間有適當的比例關係。
	收入來源	穩定的收入項目。如：薪資、經常性獎金。 另外佣金、兼職收入需確認其穩定性。 中獎獎金則不屬於穩定收入來源。
	投保目的	保障生活、教育經費、遺產節稅、贈與需求。
	有效保額	對於各保單類型的總額都要計入。
	年齡	未滿 15 足歲的未成年人投保人壽及傷害保險契約，須符合作業規範。 70 歲（含）以上投保者，須對客戶評估保險需求及保單適合度。
	保費繳交的合理性	保險費與收入的搭配須合理。避免收入減少或停止後仍須繳交保費，而影響到保單的效力。
受益人指定		《保險法》第 105 條。 非親屬或利害關係人的受益人指定。
休閒嗜好		年齡、經驗、資格等級證書、社團會員、業餘或專業、參加活動次數、參與活動程度、設備使用類型、過去的意外受傷病史、未來的計畫。

4-5 人身保險的危險因素與評估──醫學危險因素

分為性別、年齡、體格、家族病史、既往症、現症。

一、性別

女性因為工作及環境的影響,在意外事故的發生率較男性為低。而因為生理結構的關係,其罹病率較男性為高。

表 4-2 好發於女性的疾病

精神類	躁鬱症、憂鬱症。
骨科	關節炎、骨質疏鬆症。
自體免疫性疾病	多發性硬化症、風溼性關節炎、膠原病。
消化系統疾病	便祕、肝臟代謝力較慢。

二、年齡

人的死亡率與殘疾率會因為年齡而有所不同。就意外事故而言,15 歲以下者,意外事故的發生率隨年齡增長而遞減;15 歲至 70 歲意外事故的發生率較為平穩;70 歲以上意外事故發生率隨年齡增長而遞增。就健康因素來看,不同年齡層因遭受的疾病不同,而有不同的風險。就死亡率而言,除嬰幼兒時期及青少年時期,死亡率較高外,其餘年齡的死亡率隨年齡增加而遞增。

表 4-3	不同年齡層常見的疾病

年齡層	常見疾病
幼兒、兒童	先天性疾病、麻疹、白喉等急性傳染病。
少年、青壯年	肺結核、風溼熱、慢性腎炎、外傷。
中、老年	高血壓、缺血性心臟疾病、慢性肝病、肺病。

三、體格

指性別、年齡與身高、體重的比例關係。

目前較常使用的衡量指標為身體質量指數 BMI，即：體重 (kg)/ 身高 (m^2)。正常的指標為 19~24，低於 18 有病態瘦體及體重過輕，高於 25 有體重過重、肥胖及病態肥胖。

另一個指標為腰圍，男性腰圍 90cm 以上，女性腰圍 80cm 以上為腹部肥胖。

表 4-4	BMI 標準與體重過重或體重過輕所好發的疾病

BMI	分類	好發的疾病
<=15	病態瘦體	內分泌疾病、腸胃疾病、傳染性疾病、惡性腫瘤、精神疾病、腎臟疾病、免疫系統疾病。
16~18	體重過輕	
19~24	正常	
25~28	體重過重	腦血管、心臟、腎臟疾病、高血壓、骨關節炎、膽結石。
29~34	肥胖	
>=35	病態肥胖	

四、家族病史

指被保險人家庭成員的年齡與健康狀況，或死亡與疾病的原因。影響家族病史的成因，主要為基因、環境與生活方式。

五、既往症

投保前可能曾經罹患某種疾病或曾經發生過某種傷害，這些疾病或傷害已痊癒或治療告一段落者，稱之。既往症的評估，主要在考量曾罹患疾病的後遺症或復發的可能性。

六、現症

被保險人申請投保時，正罹患某種疾病或遭受某種傷害，正在治療中或已有某種身體上的障礙、缺損情形。主要在了解被保險人目前身體健康的確實情況，及與以往病症的因果關係。

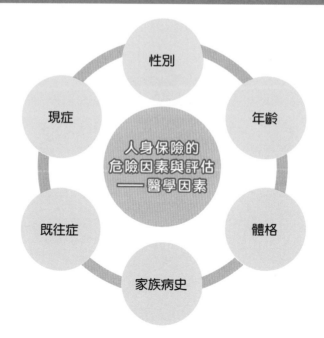

圖 4-15　人身保險的危險因素與評估——醫學因素

4-6 人身風險的型態

依照年齡對危險的變化，分為遞減、固定、遞增、混合型額外危險。遞減型額外危險，隨著年齡增加，危險程度會逐漸減少者。固定型額外危險，不會因為年齡的增加，而改變其危險程度。遞增型額外危險，隨著年齡的增加，危險程度逐漸惡化。混合型額外危險為上述三種基本型態的混合組合。

型態	類型	核保處置
遞減型額外危險	手術治療即可痊癒的疾病。如胃潰瘍、疝氣、車禍導致骨折或輕微腦震盪。	降低保額承保。 延期承保。 短期加費承保 ・疾病復原期間的額外危險，以短期加費方式處理。 ・重大傷病復原期間的額外危險，以短期加費方式加重加費處理。 ・短期內將接受一般性的普通手術者，採躉繳方式一次收取加費。
固定型額外危險	職業危險、先天性雙目失明。	加費承保：不分年齡皆加收一定數額的平準保險，作為其危險的對價。
遞增型額外危險	高血壓、糖尿病、巴金森氏症、精神病、癌症。	加費承保：按照超過死亡指數的百分比加費，作為其危險的對價。 加齡承保。 拒保。 減少保期：終身改為定期。

圖 4-16　人身風險的型態

1｜遞減型

・隨著年齡增加，危險程度逐漸減少

2｜固定型

・不會因年齡的增加，而改變其危險程度

3｜遞增型

・隨著年齡增加，危險程度逐漸惡化

4｜混合型

・上述三種基本型態的混合組合

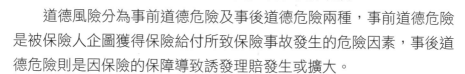

4-7 逆選擇、有利選擇及 道德風險

　　會產生逆選擇與道德風險，是因為保險市場的資訊不對稱所致。

　　逆選擇是指買賣雙方擁有不同的資訊，導致市場出現非柏拉圖效率結果的過程。以被保險人而言，被保險人對於自身不利的因素有所隱瞞，導致保險人無法做正確判斷的現象。

　　相對於逆選擇的理論，有利選擇係指風險趨避的個人除了購買保險外，也會注重本身的風險因素，使事故發生率降低，保險人因而獲取核保利潤。

　　道德風險分為事前道德危險及事後道德危險兩種，事前道德危險是被保險人企圖獲得保險給付所致保險事故發生的危險因素，事後道德危險則是因保險的保障導致誘發理賠發生或擴大。

圖 4-17　道德風險

事後
因保險的保障導致誘發
理賠發生或擴大

事前
被保險人企圖獲得保險
給付所致保險事故發生
的危險因素

道德風險

在資訊不對稱的保險市場中，保險公司因無法辨別被保險人的實質風險、造成低風險者補貼高風險者，導致低風險的被保險人退出保險市場，高風險的被保險人不僅不退出保險市場，反而誘使更多高風險者加入，致使保險市場的保費不斷提升，且只剩高風險者存在於保險市場上。

依據保險市場長期理賠經驗的回饋資料，核保人員對於下列狀況會加以留意，以防範道德風險及逆選擇的發生：

一、投保金額超過其生活所需者。

二、同時或短期內投保同一家或多家保險公司者。

三、主動投保且要保時特別針對某些醫療理賠方式及項目詳細提問。

四、以集體方式，掩護弱體投保者。

五、主動降低保額，以迴避生調或體檢者。

六、投保時要保資料內容不一致或錯誤。

七、以他人冒名投保者。

八、投保時不願他人知道（祕密投保）。

九、以非一般人所熟知的專業術語來告知。

十、投保低保費高保額的險種。

十一、成年子女為高齡且無固定職業的父母投保者。

十二、要保人並未購買保險，而為高齡的家庭主婦或成年的兄弟姊妹投保者。

十三、只投保一、二位子女，而其餘子女並無投保者。

十四、有賭博習慣或者有負債記錄者。

4-8 核保決定的方式

核保人員將被保險人的危險性質加以分類後，依照其危險狀況給予不同的承保條件，對於符合或臨界標準體的被保險人，賦予正常條件的承保條件；對於非標準體的被保險人則加上特別的承保條件。而危險已達到無法調整的被保險人則給予拒保。

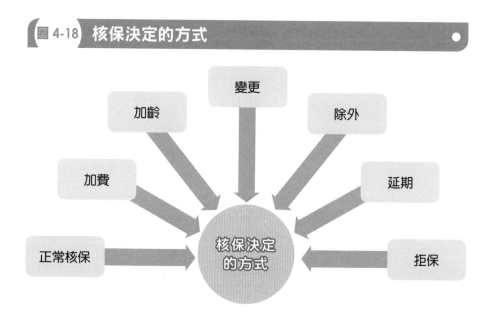

圖 4-18　核保決定的方式

一、正常核保

被保險人的危險符合保險設計的預期損失率，則依據商品的費率予以承保，不需再增加任何條件。大部分的被保險人皆以這種方式承保。

二、加費

正常保費加上額外危險對價的保費，為處理額外風險最常使用的方法。額外危險的型態分別為遞減型額外危險、固定型額外危險及遞增型額外危險，其採用加費的方式也不同。

（一）遞減型額外危險：疾病復原期間的額外危險，以短期加費方式處理；重大傷病復原期間的額外危險，以短期加費方式加重加費處理；短期內將接受一般性的普通手術者，採躉繳方式一次收取加費。

（二）固定型額外危險：對於額外的危險，不分年齡皆加收一定數額的平準保險作為危險的對價。

（三）遞增型額外危險：對於額外的危險，按照超過死亡指數的百分比加費，作為危險的對價。

圖 4-19　處理額外風險的加費方式

01 遞減型	**02 固定型**	**03 遞增型**
・疾病復原期：短期加費方式 ・重大傷病復原期：短期加費方式加重加費 ・短期內接受一般普通手術：躉繳方式收取加費	・額外加費，不分年齡皆加收一定數額的平準保險	・按照超過死亡指數的百分比加費

三、加齡

對於次標準體的被保險人，依照其年齡加計一定年數後的正常費率加以承保。

四、變更

分為變更保期、變更險種及變更保額。變更保期用於遞增型風險，採取縮短保險期間以避免保險公司在高危險期間承擔過高的危險，保戶也可以因此減少保費的負擔。變更險種則是將額外危險較高的險種改為額外危險較低的險種，以減少保險公司承擔的危險。變更保額用於死亡指數較高或投保動機不明的被保險人。

五、除外

將被保險人的一些健康缺陷予以除外後，依照原要保條件予以承保。除外法的優點為除外的部分會讓被保險人更加留意自身的風險，降低風險事故的發生。缺點是定義保單的除外責任有相當的困難度，更易造成理賠的混淆而造成理賠的糾紛。適用的險種有失能保險、特定職業的傷害保險及健康醫療費用保險。

六、延期

當被保險人危險程度不明確或不確定，無法進行合理的危險評估時，核保人員會採用延期觀察的處理方式。

表 4-5	會採用延期的狀況

狀況	病症
被保險人死亡率較高，但對死亡率影響的評定較為困難。	癌症手術後的患者。
短期內無法對被保險人的死亡率做精確的判斷。	血尿。
短期內有非常高死亡率變化的暫時性疾病。	因外科手術後可能引起的併發症。
近期無法判定能否達到復原控制的病症。	罹患蠶豆症的幼童。

七、拒保

當被保險人的預期死亡率嚴重地超過通常可採用附加條件承保的範圍，則採取拒保方式。

4-9 理賠意義及作業程序

　　理賠的意義為當發生保險契約所約定的給付保險金之條件時，保險公司在審核保戶所提出理賠文件齊備及無誤時，依照保險契約的約定給付保險金給適格的受益人，稱之。

　　理賠的適當性為理賠必須達到迅速且公正的處理。迅速的處理為保險公司必須在收到理賠文件後，依照約定或法定的給付期間內給付保險金額，以保障保戶或受益人經濟生活的安定。公正的處理為給付保險金應依照保險契約的約定，使被保險人或受益人獲得合理且公正的補償。

　　理賠的作業程序分為理賠受理、理賠審查、理賠調查及理賠給付作業，分別概述如下：

一、理賠受理

　　依照《保險法》第 58 條保險事故的通知，要保人、被保險人或受益人遇有保險人應負保險責任之事故發生，應於知悉後五日內通知保險人。另外，檢附理賠申請書及相關證明文件後，啟動保險金的理賠作業。

二、理賠審查

　　理賠的審查作業包括檢視理賠申請相關文件、確認保險契約之有效、導致保險事故的原因與相關過程、審視是否符合保險契約給付要件、是否為除外責任及不保事項、有無違反告知義務之事實、確認給付金額與受益人身分。上述事項如有疑慮，則交付調查予以釐清。

三、理賠調查

其目的在查明事故經過，釐清是否涉及除外責任與道德風險。

四、理賠給付

需確認給付受益人之身分。另外依照《保險法》第 34 條規定，保險人應於要保人或被保險人交齊證明文件後，於約定期限內給付賠償金額。無約定期限者，應於收到通知後十五日內給付之。保險公司因可歸責於自己的事由致未在規定期限內給付者，應給付遲延利息年利一分。

圖 4-20 理賠作業程序

理賠受理 　理賠審查 　理賠調查 　理賠給付

4-10　理賠審查作業

理賠人員審查作業的要點分為一般審查要點，及依照不同險種的審查要點兩項。就一般審查要點為：

一、契約是否生效。

二、契約效力是否持續中，有無解約或處於停效期間。

三、事故人是否為被保險人。

四、是否違反告知義務。

五、是否為承保範圍的事故。

六、是否為除外責任。

七、事故發生時契約是否有效。

八、事故是否經過偽造。

九、理賠文件是否齊全。

十、要保文件記載事項是否無誤。

十一、受益人的資格是否符合。

十二、受益人身分是否齊全。

圖 4-21　理賠審查作業

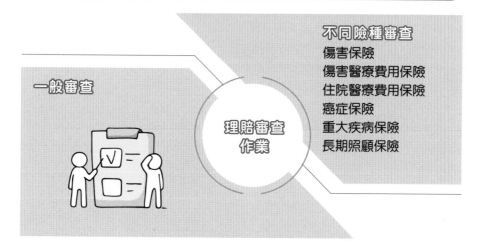

表 4-6　險種特殊的審查要點

險種	審查要點
傷害保險	意外事故的明確。 保險金給付之限制。 職業或職務變更的通知義務。 飲酒後騎（駕）車之認定。
傷害醫療費用保險	意外事故的明確。 是否符合醫院及診所之條款定義。 飲酒後騎（駕）車之認定。 醫療費用未經健保給付之計算。
住院醫療費用保險	是否為生效前的疾病。 就診醫院是否符合約定。 進行的治療是否符合約定。 骨折未住院的計算。 是否符合住院的定義。 同一次住院的計算。 給付日數的計算。 美容手術、外科整形或天生畸形。 選擇性及預防性手術。 健康檢查、療養或靜養。 癌末於安寧病房住院。 非治療目的的避孕及絕育手術。 醫療費用未經健保給付之計算。
癌症保險	原位癌。 初次罹癌及骨髓移植手術保險金。 放射線及化學治療保險金。 癌症治療文件之認定。 癌末於安寧病房住院。 身故後始確定為癌症者之給付計算。
重大疾病保險	等待期之認定。 型態及各種疾病理賠的構成要件。 重大疾病給付後，該附約的效力即行消滅。

險種	審查要點
長期照顧保險	生理功能障礙是否經專科醫師依照巴氏量表或其他臨床專業評量表的診斷判定。 認知功能障礙是否經專科醫師依照臨床失智量表或簡易智能測驗之診斷判定。

4-11　理賠調查作業

　　理賠調查作業是為了釐清理賠事故的前因後果及事實真相，作為理賠給付的依據。分為事查及醫查兩種。事查主要是事故的調查，醫查則為醫院病歷調查。

　　事查（事故調查）主要是造訪被保險人本人或其家屬，如有需要亦會側訪與被保險人或事故有關的第三人，最常採用的是承辦該事件的警消人員。調查過程中亦會比對相關投保資料，以及被保險人的體況、習慣、家庭與財務狀況。

　　醫查（醫院病歷調查）之作業分為索引病歷號碼、索引健保署就診記錄、醫療院所問診、函索被保險人病歷摘要及病歷判讀。病歷的架構分為病歷首頁、門診記錄、出院或手術報告及檢驗報告。

表 4-7　病歷之主要內容

架構	記載內容
病歷首頁	病歷重要內容摘要。 病患及基本資料：姓名、生日、身分證字號、地址、就診日期、病歷號碼、住院及出院日期、診斷名稱、手術名稱、既往症。
門診記錄	就診日期、就診科別、確定診斷的病名、用藥、疑似的病名、既往症、慢性疾病的診斷及門診治療過程。
出院或手術報告	入院及出院時間、科別、入院診斷、出院診斷、主訴與病史、手術方式及日期、合併症、癒後醫囑、切片病理組織檢查報告、放射檢查報告、超音波檢查報告等。
檢驗報告	血壓、血糖、三酸甘油酯、膽固醇、血液、尿液（尿蛋白、尿糖、血尿）、肝功能。

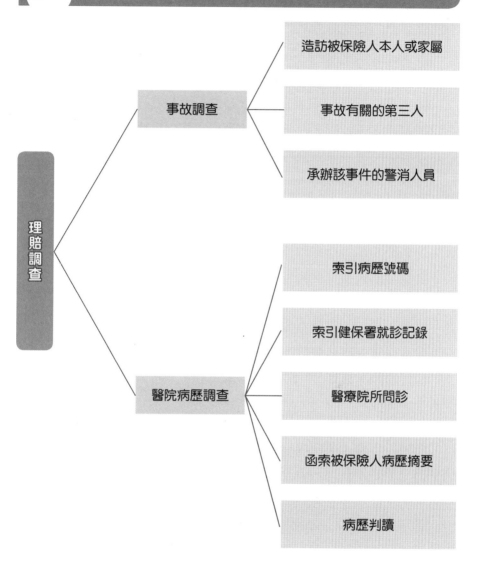

圖 4-22　理賠調查作業

理賠調查

事故調查
- 造訪被保險人本人或家屬
- 事故有關的第三人
- 承辦該事件的警消人員

醫院病歷調查
- 索引病歷號碼
- 索引健保署就診記錄
- 醫療院所問診
- 函索被保險人病歷摘要
- 病歷判讀

4-12　理賠給付作業

　　理賠給付作業的程序分為確認理賠金額、確認受益人身分、給付通知、給付保險金及檔案管理。

　　確認理賠金額：保障額度內依照事故證明文件及醫療相關單據，由理賠人員逐一審查比對確認理賠金額。如危險事故不在保險契約所約定之承保範圍，保險公司應以書面將拒賠的理由、意見及原因具體述明，以書面方式通知保戶。

　　確認受益人身分：殘廢與醫療保險金的受益人為被保險人本人，保險公司不得受理指定及變更。身故受益人依要保人指定並且經過被保險人同意，申請時須為生存者。如無指定受益人或受

益人較被保險人提早身故，以被保險人的法定繼承人為受益人。

　　給付通知：被保險人死亡事故發生時，要保人及受益人應通知保險公司。保險公司接獲被保險人死亡通知時，應依照要保人最後所留於保險公司之所有受益人住所或聯絡方式主動通知。

　　給付保險金：依照保險契約所約定的方式給付保險金。約定方式分別有分期定期給付、分期定額給付、保證期間保證金額年金給付、保證期間年金給付及實物給付。

　　檔案管理：理賠人員應將檔案建檔管理，作為理賠給付的憑證。另外也可作為該被保險人投保新契約、加保附約、復效申請、再次申請賠案的依據。建檔的資料可用來分析理賠分布狀況，回饋給核保及商品部門，作為調整現行商品的內容或開發新商品之參考。

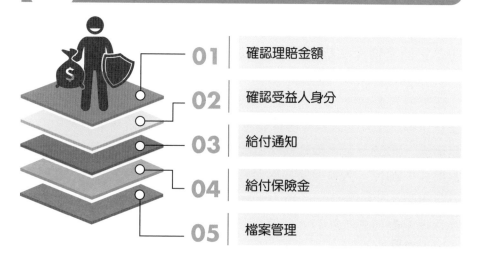

圖 4-23 理賠給付作業程序

01 | 確認理賠金額

02 | 確認受益人身分

03 | 給付通知

04 | 給付保險金

05 | 檔案管理

中華民國產物保險核保學會，2021，產物保險業核保理賠人員資格考試綱要及參考試題（專業科篇——傷害、健康保險綱要及試題），五版。

王正偉等，2015，人身保險理賠實務，財團法人保險事業發展中心。

呂廣盛，2008，個人壽險核保概論，九版，作者自行出版。

呂廣盛，2017，人身保險核保及理賠，2017 年 2 月，二版，作者自行出版。

核保理賠委員會，2017，人身保險核保理論與實務，中華民國人壽保險管理學會。

核保理賠委員會，2017，人身保險理賠理論與實務，中華民國人壽保險管理學會。

梁正德等，2003，保險英漢字典，初版，財團法人保險事業發展中心。

許銘元，2016，建構產險公司業務品質管理系統之研究，淡江大學管理科學系博士論文。

鄭鎮樑，2021，保險學原理，台北：五南圖書。

鄭鎮樑、李珍穎、許銘元，2022，財產保險要論，台北：五南圖書。

Bernard L; Webb, Connor M. Harrison, and James J. Markham (1992), *Insurance Operations*, Vol. I, CPCU.

Chapter **5**

核保、理賠的醫務常識

核保醫務先說明臨床醫學與核保醫學的差異性、比較傷害與健康保險的告知事項,再說明各種疾病及對於各種檢驗值異常可能產生的病症分別列示。

理賠醫務則是對於死亡、傷害保險與健康保險相關醫務概念加以列示。最後列出診斷書與病歷之內容架構,讓讀者有初步的了解。

核保醫務

1. 臨床醫學與核保醫學的差異性
2. 比較傷害與健康保險的告知事項
3. 各種疾病及各種檢驗值異常可能產生的病症

理賠醫務

1. 死亡
2. 傷害保險
3. 健康保險
4. 診斷書與病歷

臨床醫學與核保醫學都是以醫學理論為基礎，其對象皆為「人」，皆為應用醫學。臨床醫學將理論應用在臨床治療上，核保醫學將理論應用在核保作業上。

差異方面如下：

一、面對對象的不同：臨床醫學的對象為病患，目的在於查明病因及治療。核保醫學的對象為準被保險人，目的在於篩選出適合保險的個體。

二、檢驗目的的不同：臨床醫學的檢驗目的在於確認病症、病因，找出有效的治療方法，讓患者得以恢復健康、延長壽命或減輕痛苦。核保醫學的目的在了解準被保險人對於死亡率及健康因素的發生率，協助核保人員作為承保與否或風險分類的判斷。

三、觀察期間的不同：臨床醫學重視的是患者現在的存活率；核保醫學重視的是準被保險人未來的死亡率。因此觀察期間上，核保醫學較臨床醫學長。

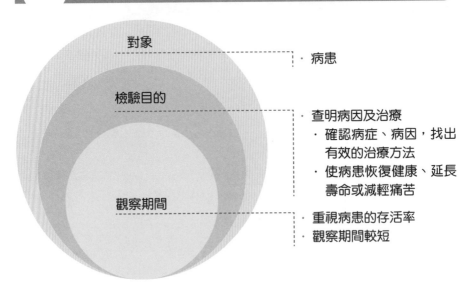

圖 5-1 臨床醫學

對象 ┄┄┄┄┄┄┄┄┄ ・病患

檢驗目的 ┄┄┄┄┄┄┄┄┄ ・查明病因及治療
　　　　　　　　　　　　　　　・確認病症、病因，找出
　　　　　　　　　　　　　　　　有效的治療方法
　　　　　　　　　　　　　　　・使病患恢復健康、延長
　　　　　　　　　　　　　　　　壽命或減輕痛苦

觀察期間 ┄┄┄┄┄┄┄┄┄ ・重視病患的存活率
　　　　　　　　　　　　　　　・觀察期間較短

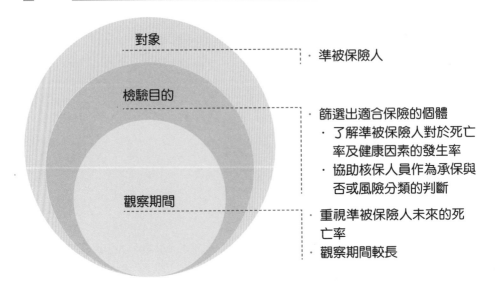

圖 5-2 核保醫學

對象 ┄┄┄┄┄┄┄┄┄ ・準被保險人

檢驗目的 ┄┄┄┄┄┄┄┄┄ ・篩選出適合保險的個體
　　　　　　　　　　　　　　　・了解準被保險人對於死亡
　　　　　　　　　　　　　　　　率及健康因素的發生率
　　　　　　　　　　　　　　　・協助核保人員作為承保與
　　　　　　　　　　　　　　　　否或風險分類的判斷

觀察期間 ┄┄┄┄┄┄┄┄┄ ・重視準被保險人未來的死
　　　　　　　　　　　　　　　　亡率
　　　　　　　　　　　　　　　・觀察期間較長

告知事項	傷害保險	健康保險
職業、兼業	被保險人之職業及兼業。	
身高、體重		被保險人目前之身高、體重。
健檢異常		過去兩年內是否曾因接受健康檢查有異常情形，而被建議接受其他檢查或治療？（亦可提供檢查報告代替回答。）
治療用藥		最近二個月內是否曾因受傷或生病接受醫師治療、診療或用藥？
疾病	過去二年內是否曾因患有下列疾病而接受醫師治療、診療或用藥？ 1. 高血壓（指收縮壓 140 mmHg、舒張壓 90 mmHg 以上）、狹心症、心肌梗塞、先天性心臟病、主動脈血管瘤。 2. 腦中風（腦出血、腦梗塞）、腦瘤、癲癇、智能障礙（外表無法明顯判斷者）、精神病、巴金森氏症。 3. 癌症（惡性腫瘤）、肝硬化、尿毒、血友病。 4. 糖尿病。 5. 酒精或藥物濫用成癮、眩暈症。 6. 視網膜出血或剝離、視神經病變。	過去五年內是否曾因患有下列疾病而接受醫師治療、診療或用藥？ 1. 高血壓（指收縮壓 140 mmHg、舒張壓 90 mmHg 以上）、狹心症、心肌梗塞、心肌肥厚、心內膜炎、風溼性心臟病、先天性心臟病、主動脈血管瘤。 2. 腦中風（腦出血、腦梗塞）、腦瘤、腦動脈血管瘤、腦動脈硬化症、癲癇、肌肉萎縮症、重症肌無力、智能障礙（外表無法明顯判斷者）、巴金森氏症、精神病。 3. 肺氣腫、支氣管擴張症、塵肺症、肺結核。 4. 肝炎、肝內結石、肝硬化、肝功能異常（GPT、GOT 值檢驗值有異常情形者）。 5. 腎臟炎、腎病症候群、腎機能不全、尿毒、腎囊腫。 6. 視網膜剝離或出血、視神經病變。

告知事項	傷害保險	健康保險
疾病		7. 癌症（惡性腫瘤）。 8. 血友病、白血病、貧血（再生不良性貧血、地中海型貧血）、紫斑症。 9. 糖尿病、類風溼性關節炎、肢端肥大症、腦下垂體機能亢進或低下、甲狀腺或副甲狀腺功能亢進或低下。 10. 紅斑性狼瘡、膠原病。 11. 愛滋病或愛滋病帶原。 過去一年內是否曾因患有下列疾病而接受醫師治療、診療或用藥？ 1. 酒精或藥物濫用成癮、眩暈症。 2. 食道、胃、十二指腸潰瘍或出血、潰瘍性大腸炎、胰臟炎。 3. 肝炎病毒帶原、肝膿瘍、黃疸。 4. 慢性支氣管炎、氣喘、肺膿瘍、肺栓塞。 5. 痛風、高血脂症。 6. 青光眼、白內障。 過去五年內是否曾因受傷或生病住院治療七日以上？
婦科		被保險人為女性時，請回答以下問題： 1. 過去一年內是否曾因患有乳腺炎、乳漏症、子宮內膜異位症、陰道異常出血而接受醫師治療、診療或用藥？ 2. 是否已確知懷孕？如是，已經幾週？
身體機能	目前身體機能是否有下列障害？ 1. 失明。 2. 是否曾因眼科疾病或傷害接受眼科專科醫師治	目前身體機能是否有失明、聾啞及言語、咀嚼、四肢機能障害？

告知事項	傷害保險	健康保險
身體機能	療、診療或用藥，且一目視力經矯正後，最佳矯正視力在萬國視力 0.3 以下。 3. 聾。 4. 是否曾因耳部疾病或傷害接受耳鼻喉科專科醫師治療、診療或用藥，且單耳聽力喪失程度在 50 分貝 (dB) 以上。 5. 啞。 6. 咀嚼、吞嚥或言語機能等障害。 7. 四肢（含手指、足趾）缺損或畸形。	
加強告知	各項答覆為「是」時，請註明號數並詳加說明，如有診察治療記錄，請告知病名（外傷者，含受傷部分）、就診醫院、就診大約期間、診療過程（門診或住院）、有無手術、有無後遺症。	

圖 5-3　傷害險與健康險的告知事項

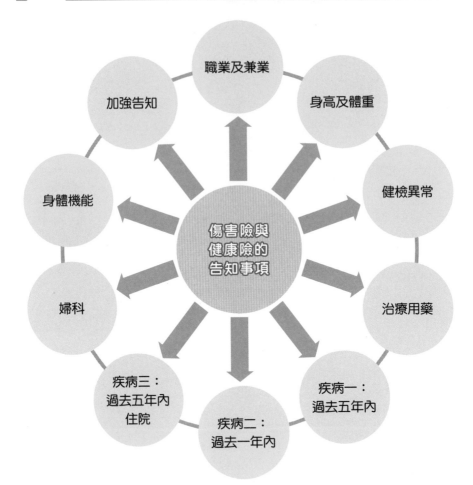

5-3 要保書告知事項的各種 疾病

除了被保險人目前之身高、體重外，要保書根據循環系統、神經系統、呼吸系統、消化系統、泌尿與生殖系統、感覺系統、腫瘤疾病、血液與造血器官疾病、新陳代謝與內分泌疾病等，將重要事項，逐一詢問。

系統	疾病名	說明
循環系統	高血壓症	指收縮壓 140 mmHg、舒張壓 90 mmHg 以上。造成高血壓的原因分為原發性高血壓及續發性高血壓。原發性高血壓，占高血壓患者的大部分，病因可能是遺傳、生活環境、精神壓力等。續發性高血壓，占高血壓患者的 10%~15%，由腎臟疾病、內分泌疾病、心血管疾病、中樞神經疾病或妊娠毒血症所引起。
	狹心症	供應心臟肌肉的血流減少，因而造成局部缺氧，引起胸部中央疼痛，又稱為「心絞痛」。
	主動脈血管瘤	主動脈局部囊狀或梭狀擴張。
	心肌梗塞	心臟部分的肌肉因為供給血流嚴重不足，導致心肌缺血而壞死。
	心肌肥厚	心臟因長期負載過重的超額工作，使心臟肌肉逐漸肥厚而無法回復於原樣者。
	心內膜炎	因細菌、真菌或立克次體的感染，使心臟內膜發炎。常發生在風溼性心臟瓣膜受損或心臟有缺陷的人。
	風溼性心臟病	心臟瓣膜受鏈球菌感染後，造成急性發炎，而無法恢復正常。
	先天性心臟病	心臟先天畸形或發育不全。可能的發生原因有病毒感染、游離性輻射或藥物所致。

系統	疾病名	說明
神經系統	腦中風（腦出血、腦梗塞）	大腦內小血管阻塞或破裂而引起腦組織壞死，造成昏迷、半邊身體無力、半邊身體感覺消失的癱瘓症狀，常伴隨視覺或語言障礙。因血管破裂出血者，稱為腦出血；因血管阻塞者，稱為腦梗塞。
	腦瘤	腦內原發性腫瘤，分為神經質瘤、腦膜瘤或顱外轉移來的腫瘤。
	腦動脈血管瘤	為腦中風原因之一，腦動脈因血管硬化、先天缺損或黴菌感染，使動脈壁失去彈性，造成局部囊腫或梭狀擴張。
	腦動脈硬化症	腦動脈血管因脂質沉澱或鈣質沉積使管壁增厚、變硬，失去彈性及管腔縮小，內壁粗糙影響血流及血栓形成。
	癲癇	大腦神經元的陣發性異常放電，造成復發性的意識變化與肌肉不自主收縮。 肌肉萎縮症：因非神經性病因，使肌肉隨時間及年齡逐漸損傷無力與萎縮的疾病。病因分為肌原性萎縮、肌強質性萎縮及肌病變，好發於男性。
	重症肌無力	神經無法有效地將訊號傳到肌肉，使肌肉重複收縮的非進行性的肌肉無力與衰弱。主要發生在肌肉與神經的接合處。
	智能障礙（外表無法明顯判斷者）	智商在 70（含）以下，同時年齡在 18 歲以下發生。分為輕度 (50~70)、中度 (35~49)、重度 (20~34)、極度（20 以下）。
	巴金森氏症	大腦基底核的神經元被破壞，而引起漸進性腦退化疾病。其特徵為肢體遠端震顫、肌肉僵硬及動作完全消失或緩慢。
	精神病	精神活動表現紊亂的疾病，包含感知、思維、感情、意識、行為、注意等方面的異常。無法區分現實及自我想像境界與事務。

系統	疾病名	說明
呼吸系統	肺氣腫	肺臟終末端氣管遠端肺泡的異常擴張，使肺泡壁遭受廣泛性的破壞。
	支氣管擴張症	肺臟支氣管或小支氣管不正常擴大的肺部疾病。
	塵肺症	因吸入 5μm 的塵埃顆粒（煤、石綿、二氧化矽粉塵等）而逐漸地引起肺部纖維化，阻礙氣體交換的疾病。
	肺結核	因結核桿菌感染所致的肺臟疾病。
消化系統	肝炎	肝臟發炎。常見原因有病毒（A、B、C、D、E型病毒）感染、酒精中毒或藥物過敏等。
	肝內結石	肝臟內的肝管因阻塞、發炎、局部壓迫致缺乏維生素等，造成肝臟分泌的膽汁鬱積，凝固結晶的結果。
	肝硬化	肝臟組織的正常細胞退化，並逐漸出纖維組織替代的疾病。
	肝功能異常	GPT、GOT 值檢驗值有異常情形者。
泌尿與生殖系統	腎臟炎	因病毒或細胞入侵腎臟，造成腎臟發炎。依照發炎部位分為腎絲球腎炎、腎盂腎炎。
	腎病症候群	腎臟因多種疾病所引起的蛋白尿、血清蛋白過低及水腫的三種症狀。
	腎機能不全	腎臟因疾病惡化而喪失過濾、吸收、分泌的機能。
	尿毒	腎機能不全症狀惡化後，造成血液積存著尿液的狀態。
	腎囊腫	腎臟內的腎小管上皮細胞壁的節斷性擴張，而不與腎集合系統相通，導致形成大小不同的薄壁球狀細胞，使腎臟增大，從而壓迫腎元，引起局部阻塞，影響腎臟機能。

系統	疾病名	說明
感覺系統	視網膜剝離或出血	眼球掌管視覺的視網膜與脈絡膜分開，落入玻璃體腔的疾病。分為裂孔原性視網膜剝離與牽引性視網膜剝離，後者為糖尿病導致視網膜出血而產生。
	視神經病變	人體將光的刺激傳導到大腦的視神經異常。常見的有視神經炎、瘀血性乳頭、視神經萎縮。
腫瘤疾病	癌症（惡性腫瘤）	人體細胞突然大量分化繁殖，並逐漸使正常細胞產生惡性變化，其生長毫無目的，具高度傷害性與破壞性。
血液與造血器官疾病	血友病	隱性遺傳的血液凝固異常疾病。僅顯見於男性，但可由男性或女性遺傳。
	白血病	白血球異常的增殖。依其病因分為急性與慢性兩種。
	貧血（再生不良性貧血、地中海型貧血）	血液循環的血紅素數目減少及血紅素濃度降低。分為再生性不良貧血，由骨髓的再生不良，造成紅血球、白血球及血小板製造皆減少的貧血；染色體異常的遺傳性貧血。
	紫斑症	血小板異常的疾病，會造成皮下出血及從組織內層產生出血的現象。
新陳代謝與內分泌疾病	糖尿病	由於胰島素利用之減少，造成醣、脂肪及蛋白質代謝異常的疾病。按照發病的年齡分為胰島素依賴型糖尿病（第一型糖尿病），常發生於兒童或青少年身上，占所有糖尿病患者 5% 以下。發病的原因是胰臟不分泌或分泌很少的胰島素，因此患者需每天注射胰島素來維持生命。非胰島素依賴型糖尿病（第二型糖尿病），多半發生於 40 歲之後，因身體對於胰島素產生問題，造成血糖的升高，可以靠飲食控制及規律運動控制血糖，如上述方式無法達到控制時，需口服降血糖藥物或胰島素來控制。
	類風溼性關節炎	自體免疫疾病，主要侵犯對稱性的關節，產生不同程度的疼痛、僵硬、腫脹與變形。好發於女性。

系統	疾病名	說明
新陳代謝與內分泌疾病	肢端肥大症	成年人的腦下垂體過度分泌生長激素，使手、腳、臉等變得相當肥大。
	腦下垂體機能亢進	因腦下垂體後葉下視丘激素過度分泌，或因嗜酸、嗜鹼，不染色細胞腫瘤致生長激素過度分泌。
	腦下垂體機能低下	因腦下垂體前葉一種或多種激素分泌不足。
	甲狀腺或副甲狀腺功能亢進	因甲狀腺本身病變所致甲狀腺激素過度分泌。常發生於女性，為男性的八倍。常見症狀有緊張、易累、眼球突出、心跳加快、甲狀腺腫大、體重減輕。
	甲狀腺或副甲狀腺功能低下	因甲狀腺本身病變或因腦下垂體疾病所致甲狀腺激素不足。常見的症狀有體力缺乏、易累、皮膚變厚且粗、心跳變慢、活動減少及代謝量降低，常造成肥胖。
免疫系統疾病	紅斑性狼瘡	慢性侵犯多種系統（如：關節、肺臟、心臟、腎臟及神經）的自體免疫能力疾病。
	膠原病	因自體免疫不全，造成組織的膠原纖維引起變化，同時合併發生免疫機能異常的情形。膠原病並不是一種疾病，而是集合多種疾病的名稱。臨床上常見的種類有風溼熱、全身性紅斑症、皮膚發炎、全身性硬皮症、結節性動脈關節炎。
	愛滋病	至少中度顯示細胞媒介免疫缺陷的疾病。對於下列疾病會降低抵抗力： 一、原蟲及蠕蟲感染造成肺炎、中樞神經系統感染。 二、黴菌感染。 三、細菌感染。 四、病毒感染。 五、慢性黏膜皮膚或擴散性感染。 六、進行性多處淋巴腺腫。 七、癌症：60 歲以下卡波西氏肉瘤。
	愛滋病帶原	指人體免疫不全，HIV 病毒檢驗呈現陽性。

系統	疾病名	說明
女性疾病	乳腺炎	乳腺因病原體由乳頭傷口進入乳房內，導致發炎的疾病。
	乳漏症	不在分娩或哺乳期，乳房有不適乳汁持續性或令人煩惱的分泌，稱之。
	子宮內膜異位症	子宮內膜組織在子宮外部位持續生長。
	陰道異常出血	女性非月經期的陰道出血。

圖 5-4　要保書告知事項的各種疾病

01	循環系統		**07**	腫瘤疾病
02	神經系統		**08**	血液與造血器官疾病
03	呼吸系統		**09**	新陳代謝與內分泌疾病
04	消化系統		**10**	免疫系統疾病
05	泌尿與生殖系統		**11**	女性疾病
06	感覺系統			

5-4 各種檢驗值之說明

檢驗項目	正常值	異常值	
		增高	降低
血壓	收縮壓 140mmHg 舒張壓 90mmHg	略。	
尿糖	陰性	陽性,可能為糖尿病、腎性糖尿、妊娠性糖尿病、內分泌異常、甲狀腺毒症、庫興氏症候群、肢端肥大症、中樞神經紊亂等。 需再做空腹血糖檢測。	
尿蛋白	陰性 0~20mg/dl	腎炎、腎臟病、膀胱炎、尿路結石。 泌尿生殖道疾病、肌肉受傷、懷孕、紅血球遭到破壞、心臟衰竭、高血壓、高燒、受凍、激烈運動、癲癇、糖尿病、脱水、功能障礙發燒、食物過敏、月經前時期。	
膽固醇	120~200mg/dl	家族性高脂血症、中風、冠狀動脈心臟病、腎病症候群、慢性腎衰竭、糖尿病控制不良、甲狀腺機能不足、肝臟疾病、膽道阻塞、酒精中毒、肥胖症。	肝硬化、急性肝損傷、甲狀腺機能亢進、營養不良、慢性貧血及腎上腺機能不足。
三酸甘油酯	140~250mg/dl	動脈硬化、急性心肌梗塞、肝病、胰臟炎、酒精中毒、腎病症候群、甲狀腺機能不足、黏液水腫、糖尿病、中風。	營養不良、肝硬化、甲狀腺機能亢進。

檢驗項目	正常值	異常值	
		增高	降低
血糖	60~120mg/dl（飯前）	真性糖尿病、糖尿病性視網膜症、尿毒症、腦栓塞、心肌梗塞、庫興氏症候群、甲狀腺機能亢進、肢端肥大症、肥胖症、慢性肝病、休克、胰臟炎、惡性貧血、癲癇、手腳痙攣、破傷風、大量出血、腦腫瘍、髓膜炎、褐色細胞腫、流行性耳下腺炎。	高胰島素血症、胰島腺瘤、腦下垂體或腎上腺機能不足、甲狀腺素機能不足、愛迪生氏病、自律神經障礙、肝機能障礙、病毒性肝炎、中樞神經疾病、營養不良、酒精中毒。
尿素氮	8~20mg/dl	腎炎、尿毒症、腎硬化症、糖尿性腎病、痛風、肝硬化、心臟衰竭、休克、消化道出血、急性心肌梗塞。	肝功能障礙、營養不良、肢端肥大症、腎病症候群、懷孕末期。
肌酸酐	男性 0.7~1.4mg/dl 女性 0.5~1.3mg/dl	尿毒症、慢性腎炎、巨人症、甲狀腺機能亢進。	肌萎縮症、高齡者、長期臥床者。
尿酸	男性 2.8~7.4mg/dl 女性 2.4~6.4mg/dl	痛風、慢性骨髓性白血症、潰瘍結腸炎、肝臟疾病、妊娠毒血症、酒精中毒、心肌梗塞、腦血管障礙、腎功能降低、肝功能障礙重症。	懷孕、腎小管再吸收作用缺損、慢性腎絲球腎炎、尿道感染、何杰金氏症。
球蛋白比	1.0~1.8	大量脫水、血液濃縮。	肝硬化、急性肝壞死、慢性肝炎、腎病症候群、尿毒症、腎炎。

檢驗項目	正常值	異常值	
		增高	降低
膽紅素	0.2~1.2mg/dl	急性肝炎、慢性肝炎、肝硬化、膽道阻塞、膽結石、膽腫瘤、溶血性疾病。	藥物引起。
SGOT SGPT	40U/L 40U/L	SGOT 肝炎、肝癌、肝硬化、肝萎縮、肝壞死、胰臟炎、心肌梗塞、溶血性疾病、肌肉損傷、藥物反應、燒傷。 SGPT 急性病毒性肝炎、肝硬化、移轉性肝腫瘤、子癲前症、血癌、膽道阻塞、胰臟炎、嚴重燒傷、肥胖。	腎功能不全、腎臟疾病。
鹼性磷酸酶	100~300U/L	肝臟疾病、骨骼疾病、其他梗塞、肺癌、胰癌、何杰金氏症、慢性腎衰竭、甲狀腺機能亢進、懷孕。	維他命D攝取過多、壞血症、甲狀腺機能低下、惡性貧血、營養不良。
紅血球數	男性 430~590 萬個 女性 390~550 萬個	真性紅血球增多症、心血管疾病、腎臟疾病、塵肺症、低氧血症、腫瘤、急性中毒、嚴重的腹瀉、脫水、吸菸過量。	貧血、白血病、骨髓病變、慢性腎衰竭、全身性紅斑性狼瘡症、何杰金氏症、過敏性休克、慢性感染、膠原病、營養不良、急性和慢性出血。

檢驗項目	正常值	異常值	
		增高	降低
血紅素	男性 13.5~16.0mg/dl 女性 12.0~15.0mg/dl	紅血球增生症、充血性心衰竭、脫水、慢性阻塞性肺疾病。	貧血、肝臟疾病、何杰金氏症、白血病、淋巴腺炎、紅斑性狼瘡、懷孕、炎腫持續性的大出血。
白血球素	2,800~11,000/cu.mm	各類別白血球的比例（如表 5-1）。	
血小板數	15 萬 ~40 萬 cu.mm	如表 5-2。	

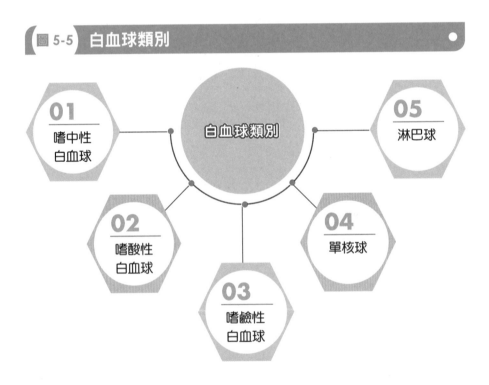

圖 5-5　白血球類別

01 嗜中性白血球

02 嗜酸性白血球

03 嗜鹼性白血球

04 單核球

05 淋巴球

白血球類別

表 5-1　各類別白血球比重與意義 ●

白血球類別	正常比例	增高	降低
嗜中性白血球	60%~70%	組織發炎或壞死、細菌性感染、肺炎、扁桃腺發炎、骨髓炎、腦炎、膽囊炎、急性腸胃炎、白血病、心肌梗塞、腎功能不全、癌症、新陳代謝疾病、急性出血、激烈運動後。	再生不良性貧血、急性白血病、脾臟機能亢進、敗血症、結核、嚴重肺炎、腸傷寒。
嗜酸性白血球	1%~4%	過敏、寄生蟲感染、何杰金氏症、惡性貧血、紅血球增多症、猩紅熱、藥物過敏。	腎腺皮脂荷爾蒙分泌過多。
嗜鹼性白血球	0%~1%	慢性骨髓性白血病、真性紅血球增多症、何杰金氏症、黏液水腫。	甲狀腺機能亢進、細菌或病毒性感染急性期。
單核球	2%~6%	各種病毒感染、急性活動性肺結核、單核性白血病、骨髓增生性疾病、結節病、膠原病、惡性淋巴癌、水痘、麻疹、猩紅熱。	不明。
淋巴球	20%~30%	病毒、梅毒、結核、百日咳、流行性耳下腺炎、淋巴性白血病、甲狀腺毒症。	惡性淋巴腫、何杰金氏症、癌症、結核性淋巴結炎、白血病、免疫機能障礙。

表 5-2　與血小板有關的相關疾病

	增高		降低
原發性 （大量增加）	骨髓增殖症候群、癌症之骨髓移轉、真性紅血球增多症、白血病、原發性血小板增多症、原發性骨髓纖維化初期。	生成不足	白血病、惡性淋巴腫、骨髓癌、再生性不量貧血、葉酸缺乏、維他命 B12 缺乏、肝硬化、壞血病、感染症、骨髓瘤、家族性血小板缺乏症、驟發性夜間血素尿症、使用抗癌藥物或放射線。
		破壞增加	脾臟功能亢進、自體免疫性疾病、淋巴系統腫瘤、藥物過敏。
續發性 （輕度增加）	急性感染、慢性感染、脾臟切除、癌症、溶血性貧血、嚴重缺鐵性貧血、風溼熱、營養不良、腳氣病、骨折、急性出血、藥物對骨髓造血抑制。	功能異常	腎臟功能不全、尿毒症、肝疾病、放射性治療後使用抗癌或抗發炎藥物。
		凝血因子異常	**先天因素** 血友病、馮威二氏症。 **後天因素** 肝臟疾病、瀰漫性血管內凝血、維生素 K 不足、使用抗凝血劑。

5-5 理賠常用的醫務判斷

理賠的醫務分別對死亡、傷害、健康及診斷書與病歷説明，作簡單的列示。

一、死亡

死亡：無自發性的自主運動持續 12 小時，瞳孔對光無反應、心臟及呼吸機能呈現不可逆轉的停止。其分類有心臟死、肺臟死及腦死亡。腦死亡是指腦幹死亡，腦幹反應為全消失，經過一段時間心肺功能也隨之喪失。

死亡證明文件分為死亡證明書、相驗屍體證明書、死亡宣告判決書及其判決確認的書面或電子檔資料。

死亡證明書記載事項有死者姓名、住址、出生年月日、死亡時間、死亡地點及死亡方式、死者職業、死亡原因。死亡方式分為自然死、意外死、自殺、他殺、不詳五種。死亡原因則為所有導致死亡的相關疾病與罹病狀況，或是造成致死傷害的意外與暴力環境。

相驗屍體證明書的效力等同死亡證明書，開立方式分為行政相驗與司法相驗兩種。

死亡宣告為失蹤人失蹤滿七年後、失蹤人年滿 80 歲以上且失蹤滿三年後，或失蹤人遭遇特別災難者滿一年後，法院得因利害關係人或檢察官的申請為死亡的宣告。

圖 5-6　死亡證明書記載事項

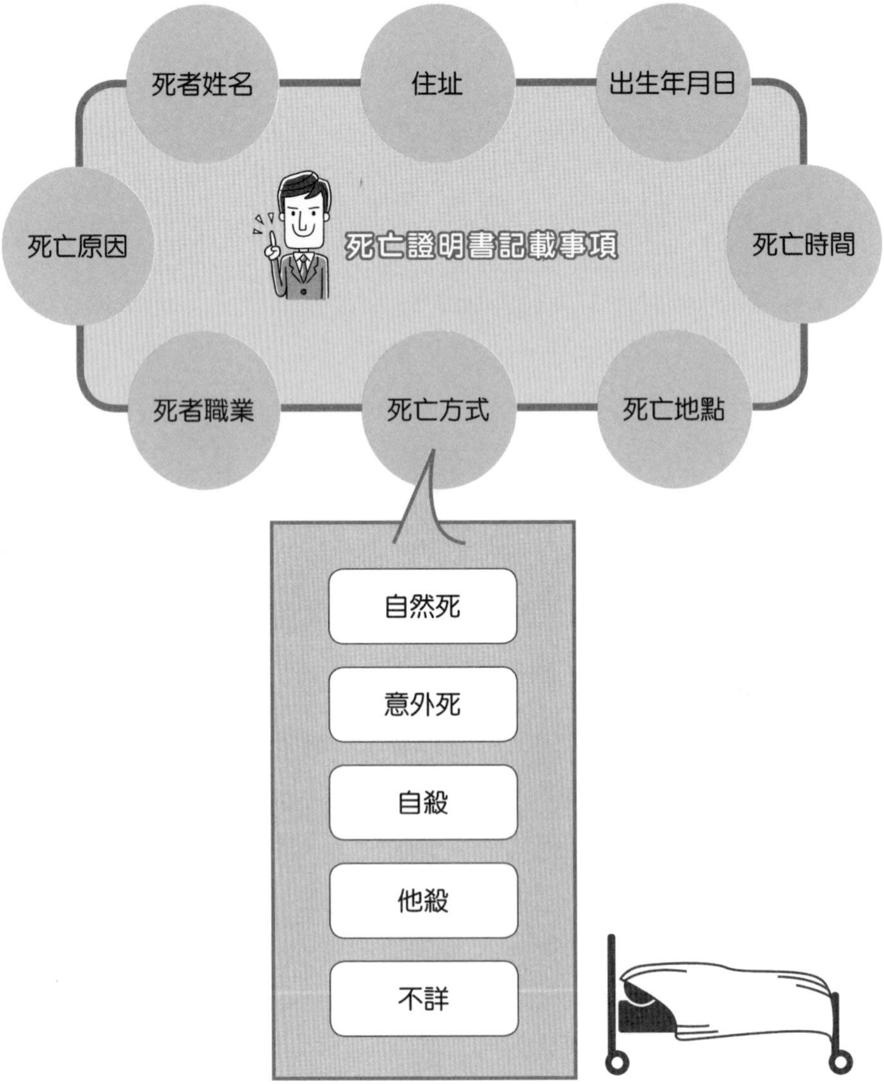

死者姓名

住址

出生年月日

死亡原因

死亡證明書記載事項

死亡時間

死者職業

死亡方式

死亡地點

自然死

意外死

自殺

他殺

不詳

二、傷害保險理賠醫務

主要分為傷害及意外事故的認定。

傷害之種類分為機械性損傷、化學性損傷、物理性損傷及生物性損傷。而意外事故的認定是常見的申訴案件，其認定有原因與結果說、主力近因說兩種。常見爭議案件的類型有顱內出血、呼吸道窒息、心臟衰竭、犯罪行為、飲酒駕車及熱中暑。

圖 5-7　傷害保險理賠醫務

```
傷害保險理賠醫務
├─ 傷害
│   ├─ 機械性損傷
│   ├─ 化學性損傷
│   ├─ 物理性損傷
│   └─ 生物性損傷
└─ 意外事故的認定
    ├─ 原因與結果說
    └─ 主力近因說
```

三、健康保險理賠醫務

　　健康險分為住院醫療保險、癌症保險、失能保險（長期照顧型商品）等，因為種類較多，其爭議較傷害與人壽保險多。

　　健康險的理賠醫務主要為確認是否為除外事項或保前疾病。而常見的爭議為住院必要性、住院合理天數、手術、實支實付住院醫療險、急診醫療金、加護病房及癌症保險。

圖 5-8　健康險理賠常見爭議

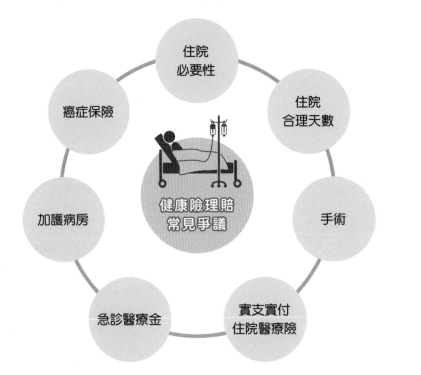

四、診斷書與病歷判讀

診斷書的記載分為基本資料、診斷與醫囑。

基本資料	姓名、性別、身分證字號、出生年月日、住址、病歷號碼、就醫科別。
診斷	醫師綜合病患主訴、症狀、病程、病史，依照科學檢驗報告與醫生臨床經驗判斷病人的疾病分類。
醫囑	門診、回診或住院日期。 接受治療過程、治療方式、手術的項目及病房的種類。

病歷分為門診病歷、住院病歷、急診病歷及護理記錄。

門診病歷	門診病歷可了解疾病或意外的最初就診時間，可以用來判斷是否為投保前事故及後續治療的癒後狀況。
住院病歷	入院診斷、主訴、過去及現在病史或家族史、治療經過、手術記錄、檢查報告、出院診斷。
急診病歷	病患基本資料、急救當時生命徵象、陪同人員。
護理記錄	病患每日自我感受、自覺症狀、飲食、作息、情緒、病況、接受的護理措施、用藥、血壓血糖值、請假記錄。

參考文獻

中華民國產物保險核保學會，2021，產物保險業核保理賠人員資格考試綱要及參考試題（專業科篇——傷害、健康保險綱要及試題），五版。

王正偉等，2015，人身保險理賠實務，財團法人保險事業發展中心。

呂廣盛，2008，個人壽險核保概論，九版，作者自行出版。

保險醫學委員會，2020，保險醫學與實務，二版，中華民國人壽保險管理學會。

國家圖書館出版品預行編目(CIP)資料

超圖解人身保險 / 李珍穎, 余祖慰, 周柏誠, 許
銘元著. －－初版. －－臺北市：五南圖書出
版股份有限公司, 2024.08
　　面；　公分
　　ISBN 978-626-393-411-5 (平裝)
　　1CST: 人身保險
　　563.74　　　　　　　　　113007587

1N2F

超圖解人身保險

作　　　　者	李珍穎、余祖慰、周柏誠、許銘元
企 劃 主 編	張毓芬
責 任 編 輯	唐　筠
文 字 校 對	許馨尹、黃志誠
內 文 排 版	張淑貞
封 面 設 計	姚孝慈
圖 解 設 計	葉　晨
出 版 者	五南圖書出版股份有限公司
發 行 人	楊榮川
總 經 理	楊士清
總 編 輯	楊秀麗
地　　　　址	106臺北市大安區和平東路二段339號4樓
電　　　　話	(02)2705-5066　　傳　　真：(02)2706-6100
網　　　　址	https://www.wunan.com.tw
電 子 郵 件	wunan@wunan.com.tw
劃 撥 帳 號	01068953
戶　　　　名	五南圖書出版股份有限公司
法 律 顧 問	林勝安律師
出 版 日 期	2024年8月初版一刷
定　　　　價	新臺幣380元

經典永恆・名著常在

五十週年的獻禮──經典名著文庫

五南，五十年了，半個世紀，人生旅程的一大半，走過來了。

思索著，邁向百年的未來歷程，能為知識界、文化學術界作些什麼？

在速食文化的生態下，有什麼值得讓人雋永品味的？

歷代經典・當今名著，經過時間的洗禮，千錘百鍊，流傳至今，光芒耀人；

不僅使我們能領悟前人的智慧，同時也增深加廣我們思考的深度與視野。

我們決心投入巨資，有計畫的系統梳選，成立「經典名著文庫」，

希望收入古今中外思想性的、充滿睿智與獨見的經典、名著。

這是一項理想性的、永續性的巨大出版工程。

不在意讀者的眾寡，只考慮它的學術價值，力求完整展現先哲思想的軌跡；

為知識界開啟一片智慧之窗，營造一座百花綻放的世界文明公園，

任君邀遊、取菁吸蜜、嘉惠學子！